Beautiful Life

Beautiful Life

Beautiful Life

Beautiful Life

看不見的傷，最傷

透過HEAL療法，擁抱內在小孩，停止制約反應，建立健康人際界線

Healing Your Lost Inner Child

How to Stop Impulsive Reactions, Set Healthy Boundaries and Embrace an Authentic Life

Robert Jackman

羅伯特・傑克曼／著

柯博昌／譯

本書獻給我的雙親——
蘿絲・瑪莉（Rose Mary）以及
鮑勃・傑克曼（Bob Jackman）

CONTENTS | 目　錄

第5章 展開HEAL療程 159

第6章 界線 219

前言

你之所以拿起本書，可能是因為生活中有某種一再重複的關係模式，令你感到厭倦，而你只想讓它快點停止。也許你早已嘗試做些什麼來改變這種惡性循環，又或許你早試過某些長痛不如短痛的方法，甚至還接受過治療，但這些老掉牙、令人厭煩的模式卻不斷出現在你的生活中，起不了什麼作用。

你是否自問過以下這些問題？

- 為什麼我的人生總是不斷犯同樣的錯誤？
- 為什麼我一直和有毒的人相處在一起？
- 為什麼我覺得內心像個無底洞？
- 為什麼我要放棄自己的權利，讓別人來決定我是誰？為什麼我的感受不重要？
- 為什麼我要拒人於千里之外，甚至是好人？為什麼我不能讓他們踏入我的生命？
- 為什麼我要用言語攻擊他人過後，再發誓自己不會再犯？

- 為什麼我要為了讓別人舒適而不斷改變自己？
- 為什麼被愛這麼困難？我真的值得被愛嗎？
- 為什麼我對自己總是不斷懷疑和猜測？
- 為什麼我感到如此受傷和憤怒？
- 為什麼我為別人奉獻那麼多，卻沒有替自己做些什麼？為什麼我要自我破壞？
- 為什麼我覺得有必要對每件事和每個人負責，而且老是要掌控一切？
- 為什麼我一直跟不適合我的人約會或踏入婚姻？
- 為什麼我認為自己是個失敗者、一文不值？
- 為什麼我要逃離自己的人生？

在某個時間點，我們都曾問過自己上述這類的問題。有些人試圖靠自己尋求答案，或是拜託親朋好友幫忙找出問題所在。這樣的做法通常會導致從他人那裡得到許多無用的意見，害自己比以往更加困惑。人們傾向於告訴別人他自己的作法，這就好比從汽車保險桿的貼紙上獲取建議一樣。

這些問題的答案其實就在你的內心深處。在你心中有一個迷失且受傷的內在小孩（inner child），他擁有智慧，並且渴望得到認同和療癒，而這種不被承認的痛苦正是上述所有問題的根源。這樣傷人情感的舉動總是被偽裝成**衝動反應**（impulsive reaction）以及過度誇大的回應而在生活中不斷出現。

有鑑於就算只是審視自己感到受傷或困惑之處都需要勇氣，因此想當然耳，數百萬的人早已聽天由命地認為生命本就注定如此，他們完全不想做那種療癒自己的苦差事。許多人滿足於一遍又一遍、以相同的方式來對生活做出回應，卻又期待每次會有不同的結果。光憑你拿起本書，就足以顯示你已準備好要傾聽自己的智慧和痛苦，聽聽它們要說些什麼。你已準備好要踏上療癒之路，並且改變對生活的反應方式。

你可能相當了解自己的某些模式，對於自己的情感上的創傷和痛苦或許也很清楚，但對於事態何以演變至此，你可能會感到困惑。你明白自己曾嘗試過的所有做法哪些是有效的，而哪些又令人失望。

HEAL療程——即「療癒和擁抱真實生活」（healing and embracing an authentic life）的縮寫——是一種相當實用的做法，可以幫助你治療並解開那些早期情感創傷造成的失常模式。這一套轉化法能幫助你揭開並療癒那些對你有害的傷疤，帶你走向一個全新的內在療傷之處。該步驟結合了許多項做法及演練，能幫助你了解自己何以會有某些反應的潛藏原因。藉由採取這種療法，你會開始理解並承認自己緊抓不放、特定的有害情感模式。

一旦經歷這個過程，傷痛就會開始整合進你成人後的自我，而不會感到迷茫或不知所措。你不僅能了解為何自己會做出那些衝動的決定，還能夠看清那些在生活中阻礙你獲得滿足感、更為嚴重的模式。在情感上，你不再只是僅能倖存而已，還能愈發成長茁壯。

這個過程不僅跟找回腳踏實地的、真實的自我有關，在面對當前的困境時，還可以讓你認識自身的**韌性**（resilience），並助你肯定自己的許多特質，而這些特質長久以來讓你過著安全無虞的生活，更讓你審視那些拖累自己、阻礙你過著真實生活的各種缺點。你將能學會如何辨別出種種虛假幻象，以及對本身所抱持的負面、自我局限的想法。雖然這些衝動反應為何會與你童年創傷有關的原因目前尚不明朗，但隨著HEAL療程的推進，很快一切都會變得清晰。這個過程將會指引你，讓你覺得生命更為完整、人生更加容易掌控。透過HEAL療程，你得以幫助內心那個年幼、受傷的自己——也就是覺得失落迷途的受創內在小孩——與你的成人自我相互交融。

在該療癒過程發生之前，心裡的傷痛處會不斷被觸發、失控似地搶著主導一切，並衝動地做出錯誤決定，最後卻必須由你負責任的成人自我來收拾殘局。你即將展開的療程，將能幫助你的成人自我發展出所需的工具，伸手跨越時光、回到過去，溫暖地握起幼時受傷自我的手。自信、有安全感、掌握大局的成人自我，將會灌注更多的愛給失落的年輕自我，並設下更嚴謹的界線，安慰內在受傷的部分，告訴它一切終將雨過天晴。

你將能辨別出這個年輕自我如何以及何時出現，問問他要如何才能進行療癒並融入成人自我。畢竟我們都必須知道自己從何而來，才能清楚我們要前往何處。

透過閱讀真實的生活案例並逐章進行演練，你將能見到所有早期人生中所建立起的人際關係模式。一旦看見自己生命中不斷發生的各種模式和功課，你就再也無法不自覺地一錯再錯。當你看清這些模式、一切都突然頓悟的那一瞬間，就是自我療癒、充滿恩典的一刻。事實上，在進行HEAL的過程中，你將會出現許多「恍然大悟」的時刻。

隨著時間進展，當你有意識地成為自己世界的造物者，而憑著本能做出反應之時，你將開始發現並感受到自己的不同。你不會再產生幻覺，彷彿一切都是在做白日夢；你也可以活在當下、以自己為優先度日，接著才輪到為別人過活。請記得，你將能夠轉化心中累積的所有情感傷痛，還能放下你終生都注定背負情感創傷的荒誕謬誤。

對內在小孩所下的功夫能幫助我們直搗問題根源，即「核心創傷」，而不是僅在傷口處貼上繃帶就期望它能好轉。

療癒內在小孩並非我所獨創，在我之前就有許多思想領袖開發了不同方法來審視受傷的內在小孩。我謹懷著尊敬和謙遜的態度表示，我的研究和靈感源自許多他者的努力。我在本書所提供的，是我自己針對療癒內在小孩的做法，以及一種透過傷處來接近真實和堅韌自我的方式。

在心理治療執業的過程中，我會發掘一個人如何發揮自身功用、保持心理堅強以及妥善處理，而非僅聚焦在自己的掙扎或錯誤之處。我著眼的地方超越了他們當前的創傷，並且選擇與明智、真實和落地的心中部分交談，鼓勵該處挺身而出。這種積極正面的心理治療會與完好之處合作，出面援助受創的部分。

透過本書演練操作時，你會發現自己明智、真實和堅韌的自我是如何隨侍在側，等待你召喚它們來協助傷處癒合。你會發現，本書部分的內容會直接和你的過往經歷對談，有些則是以他人的苦痛為借鏡。即便你覺得自己有太多情感包袱需要處理，在走過這個過程時還是要抱持信心。你將可以清楚看到自己是從何時何地、用什麼方式來到今日的境地，以及你接下來必須採取的步驟。

逐頁翻閱本書章節，你會看到自己難以明辨的部分，這再自然、再正常不過了。你也會希望手邊有個筆記本可以進行每個章節裡的習作，但萬一在演練時覺得心中難以負荷，你或許會想和某個熟悉內在小孩治療的專業治療師談談。

你可以在我個人網站 www.theartofpracticalwisdom.com 上的配套練習本取得額外資訊、他人分享的故事，以及各種深入演練。若要進一步閱讀學習，請參閱本書後方的延伸資源頁，在此我列出了數個我多年下來從中增長智慧的網站和作者。

本書所含的資訊不能取代你與心理治療師的對談，這是我透過長年成功帶領許多人走過治療之路所認識並培養的方法。我本身也使用了HEAL療程來療癒我的童年創傷，並助它與成人自我相互交融。

請花時間慢慢享受這段旅程。當你走到另一端時，不但會更明白自己，也會更清楚你如何對他人感同身受。HEAL療程是要拓展你對自己的認識，而不是將你改變。

你準備好要重新感受做真實自我所帶來的解放嗎？如果真是如此，我想請求各位在這個過程中，不但要相信我，也要相信你自己。你比你所想像的還要強大。

第1章 行屍走肉般的受創者

夜深人靜，我獨自掌著小舟，四周昏暗無光，汪洋無邊無際，
夜空雲朵厚實。我試著勉力浮於海面，
但我早已沉沒，與深海結下不解之緣。

——魯米（Rumi，詩人）

你是否曾注意到，為什麼有些人看起來一切有條不紊、怡然自得，而有些人卻是支離破碎，生命中一再重複同樣的誇張劇碼？

也許你不明白為何自己總是吸引那些待你如糞土的人到身邊，又或許你所吸引來的人自稱是你的朋友，卻為你的人生帶來更多混亂。最有可能發生的情況是，你心中受傷的部分無意識地選擇與其他受傷的人建立關係。傷者總是會相互吸引。

這種傷害會在我們的成長經歷中自然而然發生，尤其是當我們遭人忽視、拒絕或不屑一顧時。對於某些人來說，它則是經由受虐、被忽視或其他創傷，以各種戲劇化的形式發生。雖然我們都會用當下最好的工具來盡力排解，然而當我們受到這種創傷時，它卻會深藏在我們心中，不但占據內在空間，還會影響我們從週遭世界反射回來的自我看法。

並非每個人都會以同樣的方式感受到痛苦難忘的事件或經歷其帶來的影響。對某些人而言，痛苦的經歷很容易被拋在腦後，對另一些人來說，這份傷害卻深深鑽入核心。我們每個人在處理、應對及倖存於情感創傷時都有自己堅韌的適應之道，因此有時這些傷害會緊緊伴隨著我們，在我們度日時埋藏起來。我們會將創傷深深推入心中、試圖忽略它的存在，因為再次回憶及感受到這個傷口就會痛苦無比。

當我們無視痛苦及傷害的存在時，它們就會開始以扭曲的形式浮現，試圖逼我們承認，好讓我們能動手解決。**情緒（emotions）是試圖引起我們注意力的內部信使**，而大多數人只是壓抑住各種訊號或完全將其忽略。

你可能已經慣於感受到身上背負的傷痛，成了一位「行屍走肉般的受創者」。你或許會認為：「我知道這件事曾發生在我身上，但那早已是陳年往事，因此我不想再憶起它了。」不過這份痛楚會如影隨形，試圖找出某種方法來讓你承認它的存在。在你解決之前，它哪裡都不會去，而是間接地出現，讓你無法踏上正軌、使你方寸大亂，甚至導致憂鬱和焦慮。

我見過有著各種傷痛和創傷經歷的人。許多人曾遭受過嚴重的傷害，包括精神、身體和性方面的創傷，而且通常是親近的家庭成員所為。這種創傷事件往往極難憶及，更別說要深入探究了。多數人會盡最大努力忘記或推開這種創傷，而我常常是他們唯一會敘述事件過程的對象。圍繞在這些經歷的心中情緒，需要特別的處理和照顧。

如果你兒時也曾遭受類似的創傷，請明白：

- 你小時候所做的任何事情都不應該讓你遭到如此待遇。
- 犯下那些事的人年紀比你大、比你更有權力，而且對你有影響力。
- 這些事情現在不會發生在你身上。
- 你並非獨自一人。你能透過專業協助來解決這種苦痛。你有辦法獲得療癒並擺脫痛楚。

如果你因為本身的遭遇而感到受傷和心碎，請務必了解你心中有一塊是完好無缺的。這正是他們沒有影響到你的那一部分，也就是你的**真實自我**，而這也是對療癒過程和你內在而言的關鍵所在。

如果我不對自己付出，其他人也不會。

當我還是個年輕小夥子的時候，我會不自覺地選擇自戀、受過傷的人當朋友。我當時並不知道這一點，但我最終明白，這是我內心那位受了傷的小男孩造成的，他本能地知道如何與需要關注和認可的人互動，這些人還需要我一邊抬舉他們、一邊貶低我自己。因為我早已了解這種類型的人，所以我不必思考該做些什麼或是如何與他們互動——但我卻幾乎不了解自己。

我來自一個酗酒的家庭。家中環境所造成的早期童年傷害，幫助我培養出共同依賴（codependent）的技能，對於那些我自覺需要我來配合他們做事而不是可以安心做我自己的人來說，這套技能正是我用來注意並適應他人的工具。

在我的治療之旅中，我學會了如何忍受那份痛苦、對它進行檢視，並克服一些複雜的感覺，好讓自己重新與真實自我會合。我了解到我可以做我自己，不必為任何人做任何事來讓自己覺得有價值。運用HEAL療程（healing and embracing an authentic life的縮寫），我得以療癒這份創傷，使自己能夠將所有支離破碎的部分融合在一起，成為一個完整的成年人，身邊圍繞著尊重我、愛我的人。如今我也對前來找我諮商的人們做同樣的處理。

我常利用自己的親身故事來讓那些我所幫助的人了解，他們並不孤單。在述說我的故事時，對方聽到我所經歷的痛苦，以及我在自身療程中產生自我認知的過程。由於我的經歷能助人明白有許多人也曾走過類似處境，也令人感到不孤單，因此我在說完故事後常會得到他們的致謝。見證他人的努力成果也是一種很好的治療工具。我們不會感到孤單，會覺得與人有所連結，還會因此成長。（各位將在第三章讀到更多有關我的故事。）

我們的痛苦正尋求他人承認。
一旦我們與自己的創傷產生連結，
便會開啟一扇療癒之門。

我相信多數人都患有輕微的創傷後壓力症候群（posttraumatic stress disorder，簡稱PTSD）。我無意貶低PTSD的完整診斷過程或那些深受該病症所苦的人，僅是想讓大家明白，我們都經歷過一些甩也甩不掉、在腦中重複回放的事件。

你的情緒傷痛是相對於你而言，意味著它多半只與你本人有關。可能有人聽完你的故事之後會說：「哦，那又沒什麼。我的境遇更糟。」或許真是如此，但這不是大家要相互爭奪某種「最具戲劇化童年創傷」大賽的冠軍。我們都身懷有害的傷痛，而這正是你承認自身感受並在最終獲得療癒的好機會。

循環痛苦

我會說，我們身上都背負著「循環痛苦」（recycled pain），當某事觸發一道舊傷，類似的創傷就會反覆出現。你早已將自己心中這熟悉的一部分深埋，期盼能把它忘得一乾二淨，雖然偶爾還是會覺得似乎無法擺脫。

以下是示範並說明這種循環痛苦的一連串事件，這就是為何這些受傷的幻象會成為你心中的一部分，以及你是如何對它們變得麻木無感。

童年時期發生的某件事使你大吃一驚、心生困惑。這是一種全新的體驗，讓你不知該作何反應。你只知道你不喜歡這段經歷和它所帶來的感覺。

你的內心有一部分感到受傷和苦痛。這一部分的情緒會將這次經歷當成感覺不愉快的體驗而把它儲存起來，或者在嚴重的情況下把它存為創傷。這就是最初的**核心創傷**（core wounding）。

這樣的核心創傷——即情感上的痛苦——會凍結在該重大情緒事件發生時的時空和年齡中（假設以此例而言為五歲）。

當你年紀漸長，心中這塊受了傷、被凍結起來、而且沒有和你其餘自我共同成熟的年輕部分，會被類似於你五歲所經歷的事件觸發。心中該部分所做出的反應就好比當初那段糟糕的經歷又再度發生一樣。痛苦再度出現。

你心中的這一塊開始展開行動，要不變得非常防禦及保護自我，不然就是完全停擺，變得安靜且隱形。

你現在已經針對這些特定情況培養出一套**受傷情緒反應工具**（wounded emotional response tool）。當這些狀況再次出現時，就會自動啟用這種衝動反應的工具來對付觸發因子。

你心中受了傷的五歲孩童始終都站在一旁，迷惘不已，戰戰兢兢，擔心某些壞事可能會再度發生。身為一個成年人，你內心的五歲孩童在被觸發時，會攜帶著這套受傷情緒反應工具，向前跨出，站在你的負責任的成人自我（responsible adult self）身前。你心中的這部分會像個五歲小孩一樣，做出情緒化的決定和反應，並且用五歲孩子的邏輯、言辭和表達方式。這正是「你活像個小孩一樣！」這種說法的出處由來。

你負責任的成人自我會因為這種受傷的假象而變得動彈不得，在幕後呆呆地看著一切，隨著情況的發展而感到徬徨無助。五歲的自我則是下定決心要保護你的所有部分，不希望壞事再度發生。

就在整起事件展開並結束後，你心中受了傷的五歲孩子又再度休眠並保持警惕，等待觸發因子再一次出現。

你負責任的成人自我則是感到茫然和困惑：剛剛是怎麼了？我為什麼要那樣做？

接著你便展開事後收拾或忽略剛剛一切的過程，試圖繼續向前邁進，卻完全不去理會每當心中這個受傷部位被觸發時所產生的有毒循環。

應付這種循環痛苦會令人筋疲力竭。試想你重演了多少次這種受傷兒童的劇碼，也許每天都有好幾次。如果這種循環痛苦沒有得到療癒，它將會不斷被觸發而反覆出現。我相信這是我們的潛意識試圖療傷的一種方法，不過身心靈卻不應當承受這種沉重的情感負擔。

你多常會陷入這些痛苦的循環中？關於這種循環痛苦如何在你的生活中上演，你腦海中又浮現出哪些例子？這些反應感覺起來都不受控制或被過度誇大。

重複糟糕的選擇

這種創傷循環還會透過重複錯誤的選擇而展現。你可能認識一些朋友或家人，他們不斷與同一類型的人約會甚至結婚，但這些人卻不適合他們，甚至根本不是好人。你搞不懂為什麼有人會有意識地把跟上次交往一模一樣的人帶進他們的生命中。你看得出這一點，為什麼他們卻不能？或許連你自己也是當局者迷。

不知不覺中，我們也經常為了上演這些童年創傷的劇碼而將他人帶入我們的生命中，而這些我們納入生活中的人生伴侶常常身上帶有我們自孩提時代就再熟悉不過的創傷。與父母同類型的人結婚，其源由正如上述。我們正下意識地試圖療癒這部分。

你是否老是跟同一類型的人約會或結婚？你是否一直選擇和有毒的人或情緒吸血鬼做朋友？你對某種事件或經歷是否有著相同類型的反應，像是大發脾氣、大吼大叫，或是沉默畏縮？如果你的反應相當明顯，在事過境遷後，你可能會意識到自己反應過度了。或許你會納悶，儘管事情本身沒什麼大不了，為何你卻會有這麼大的反應？這是因為你的創傷探頭出來。這種情形之所以發生，是由於你內心的某個部分被觸發，並且引發了深層的情緒創傷循環痛苦模式。你心中問題未被解決的那一塊遭到觸發，然後決定該如何對這種情況進行反應。這個受傷的部分與最初的重大情感事件有著緊密關聯，因此你便基於這種深埋的情感創傷而不斷重複糟糕的選擇。受傷的這一塊並沒有和你成熟、負責任的成人自我交融在一起，而是與其他部分各自為政。

衝動反應

馬丁和蘿拉是一對過來找我諮商的夫婦。馬丁容易對會讓他緊張的事物產生強烈反應。當被觸發時，他便會衝動地傳訊息給別人：「我無法繼續下去了」或是「我再也受不了了」。想當然耳，收到簡訊的親朋好友會擔心起他的安危。

蘿拉會介入，試圖改善狀況，也會和他講道理。不過馬丁卻陷入某種情緒上的迴圈，認為他所做的一切都很差勁，而且事態不會好轉。由於馬丁欠缺透徹的觀點，因此會以情緒化的方式來處理事情，但蘿拉則是有邏輯地審視狀況。他們兩人之間沒有交集，彼此都聽不見對方的聲音。

我用了一個比喻來幫助蘿拉理解馬丁的行為。我向她解釋，當馬丁在大肆發洩情緒時，他使用的不是成熟大人的語言，而是心中年輕得多、不知所措的部分所採用的言語和反應。他就像是個心煩意亂的五歲小男孩，希望有人能聽見他的聲音、明白他的痛苦。馬丁受傷的內在小孩期盼自己的感受被認可。他不希望蘿拉企圖理性地跟他講道理。

蘿拉立刻就明白了。這樣的說明有助於讓她理解馬丁的反應，也讓她變得更有耐心。當然，馬丁當然是位有工作、有家室，而且還背著貸款的成年男性。他雖然不是個小孩子，但他的某一部分卻在其感發展過程中困在一個更為年輕的時期。當他受傷的那一塊被某些難以承受的事物觸發時，這個部分便以為年輕時所發生的事又再度上演了，於是就挺身站在他的成人自我前，開始衝動地做出反應。藉由對心中受傷小男孩所進行的治療，馬丁發現他現在已經不太會出現這些劇烈的反應，因為他了解自己內心創傷所呈現的各種動態。蘿拉也不再企圖以滔滔不絕的解釋或對其經歷的理性探討來回應馬丁，而是關注他的情緒，承認他的感受。馬丁正在學習如何理解這個心中的傷，以及怎樣用一種更能掌控的方式來表達他的感受，蘿拉也在學習如何以一種新的方法傾聽他的聲音。

> 無法擁抱其陰影者也無法擁抱自己的光明。
> 要不全得，要不全都不可得。
>
> ——傑夫・布朗（Jeff Brown）

衝動反應是我們用內心受傷的部分來對某種狀況做出反應時所運用的工具，此時我們的回應方式是衝動而非成熟的，而衝動反應也變成我們在生活中遭遇事件時的第一反應。我們是在孩童及青年時期隨著時間而培養出這些衝動反應的，而它們也成為我們在需要時可以作為利用的受傷情緒反應工具之一。我們會攜帶著這些衝動反應度過青少年和青年階段，然後進入成熟的成年生活。我們下意識地使用著這些衝動工具，完全不知道這樣做會加深我們的循環痛苦。

你的衝動反應工具會齊心協力地維護你心中失落的內在小孩的受傷敘事觀點。身為成年人的我們，會根據出生以來的集合經驗來對各種情況做出反應。我們會根據模仿人生中遇到的成年人會有的行為來培養這些反應，或是自行發展出來。我們無論走到哪裡，都會隨身攜帶這些情緒反應工具。當中有一些能幫助我們建立更好的人際關係，不過有些卻會損害或摧毀與他人的關係。

情緒反應工具有兩種，**功能性反應和衝動反應**（也被稱為受傷情緒反應工具），它們全都混雜地置於我們的情緒反應包裡。有時候運用大吼大叫或是責怪他人等衝動反應工具會比較容易，因為當我們極度不悅時，隨手抓起這種洩憤工具，肯定要比成熟負責地討論當下事件來得簡單快速許多。

而在其他時候，如果我們可以花時間慢慢來，就能輕鬆找到實用的反應工具，像是「尊重他人」及「講道理」。當我們能夠深吸一口氣，頭腦變得明智清醒時，我們就會選擇這種類型的工具，因為我們學到了一件事——使用受傷的衝動反應並不總是能得到好的結果。

回顧上述所言，當我們覺得有安全感、需要負責任時，我們就會使用成熟的功能性反應。而當我們頭腦不理智、認為要築起防禦時，就會使用源自於創傷和痛苦的衝動反應。

我們很熟悉自己的衝動反應，因為我們擁有它們已經長達一段時間，而且這些衝動反應也一直為我們效力。成年之後，或許它們並不能發揮很好的作用，但它們在我們年輕時肯定幫了不少忙。

衝動反應工具幫助我們應付人生給予我們的挑戰，不論是家中一片混亂，還是有不好的事發生，它們都伸出了援手。對於那些我們覺得無法掌控的狀況，它們曾是我們的受傷適應反應。我們利用了這些反應來讓自己覺得手中握有控制權，即便那只是一個自己營造出來的假象。使用這些反應讓我們的心裡比較好受，我們覺得自己有了選擇權，而不是讓別人為我們做出選擇，或是將他們自己的創傷投射在我們身上。

我們並沒有意識到自己創造了一個裝滿複雜情緒反應工具的反應包，好讓我們得以應對以前那個令人迷惑、難以承受的世界。

這些工具對當時的我們來說很有用，如今卻不常發揮功效。儘管如此，我們仍不自覺地將它們帶在身邊，並且在我們成年的人際關係當中使用它們，因為它們是我們熟知的一切。

你知道自己的衝動反應有哪些嗎？在這項練習中，你將探索一些你在身為成年人時所使用，但卻是在童年時期培養出的受傷情緒反應工具。

以下列出了一連串自孩提時代發展、並帶入成年生活的常見衝動反應。這些是我們對觸發因子所產生的衝動反應，會使我們埋藏起來的創傷浮現到顯眼之處。請從本份清單中選出那些你認為是在幼時習得、或是於成年生活中用過的衝動反應，然後寫在筆記本上，並從你列出的項目中，圈起你身為成年人仍在使用的反應。在你閱覽這份清單時，請溫柔地從旁觀察，避免譴責或嚴厲地批判自己。

- 整個人運作停擺或是在情緒上退縮。
- 超級安靜，以免被人注意到。
- 做出被動攻擊的行為，以免表現出你的憤怒（譯注：被動攻擊〔passive-aggressive〕是以消極或間接方式來表達不滿或怒氣，隱諱地讓對方感到不舒服或造成影響，例如拖延、悶悶不樂等）。
- 怪罪他人。
- 太快就深陷於一段關係。
- 太快就與他人過度分享自己的私密細節。

練習：你的衝動反應

- 說謊。
- 感覺自己好像沒有任何需求。
- 感覺自己好像沒有任何慾望或夢想。
- 以自我傷害來自我安慰。
- 蓄意破壞。
- 為了填補內心空洞，揮霍自己根本沒有的錢。
- 預測或腦補別人對你的看法或感受。
- 使用藥物、酒精、食物、藥片、大麻或其他毒品來作為逃避或應對的方式。
- 壓抑情緒，直到它們變成焦慮或憂鬱。
- 博取關注。
- 偷偷摸摸。
- 躲藏（真的躲起來）。
- 工作過度。
- 過度補償。
- 霸凌別人。
- 放空。

- 裝成受害者以博取關注。
- 自卑。
- 自大。
- 膨脹自己，讓他人顯得渺小。
- 因自己感到羞愧而憤怒地攻擊他人。
- 過度補償（假裝自己一切都井然有序，但感覺起來很假）。
- 反抗權威或是那些你認為試圖想控制你的人。
- 大吼大叫。
- 覺得所有不好的事情都是你的責任。
- 迷失在自我厭惡中。
- 避免衝突。
- 經常說「對不起」。
- 放棄你的力量。
- 把所有其他人都當成比自己重要。
- 助長他人的毀壞習慣並避免真正的討論。
- 試圖當個和事佬。

練習：你的衝動反應

- 當照顧他人者。
- 當處理問題者。
- 說話大聲或愛指東指西，好讓其他人能夠聽到和看到你。
- 忽略他人以避免他們傷害你。
- 給的太多或太少。
- 忽視你的直覺反應。
- 懷疑自己。
- 為人衝動。
- 不理性。
- 喜怒無常。
- 生悶氣。
- 亂發脾氣。
- 黏人。
- 拒他人於千里之外。
- 發牢騷。
- 挖苦別人。

- 藉由色情作品或自慰來逃避事物。
- 以性、購物及其他活動來逃避你的感受。
- 想要逃離一切。
- 嘴上說自己不如一死（但並非真的想死）。
- 想要了卻痛苦（不一定是以死來達成）。
- 為人貪婪。
- 嗜賭。
- 感到焦慮。
- 為了別人而改變自己。
- 控制慾太強。
- 操弄他人。
- 執著沉迷。
- 小家子氣。

以上或許只是一些年輕的你在面對混亂複雜的家庭問題時所培養出來的情緒反應工具。這些可能會是你使用的衝動反應，但在事過境遷後卻捫心自問：「我為何

練習：你的衝動反應

要那樣做？」

（如果你在檢視本練習中的清單時感到情緒激動，請深吸一口氣。在進行練習的過程中，你會逐漸明白自己為何會有這些舉動，並且學會治療這份創傷的方法。）

審視自己的內心，看看有哪些你使用的受傷工具沒有被列在這裡。寫下你發現的內容，因為這項見解會為你提供線索，在你的療癒之路上提供幫助。你或許也會想回顧你的清單，開始思考你是在何時何地、以及如何培養出這些受傷情緒反應的。（請留下你在這個練習中得到的答案，以便在閱讀第五章時再次使用。你現在所辨別出的衝動反應將會在整段HEAL療程中反覆出現。）

這些受傷工具有一部分與早期的童年發展有關（例如吼叫、暴怒、運作停擺等），而另一部分則是青少年或青年的表達方式（像是吸毒、酗酒、自殘）。你或許曾經使用過這些受傷情緒反應工具，因為它們讓你認為自己已經長大而且凡事操之在我。

你放入反應包的各種工具都反映了你在成長時的情感發展。其中一些工具在某個時間點曾對你有幫助，但現在卻不利於你。隨著你在HEAL療程中取得進展，你將會把這些不再有助於你的反應轉變成適合你現今生活的功能性反應。

創傷如何出現

我們的童年創傷可能會透過多種方式出現在成年生活中。正如在上一個練習中所發現的，這些行為彼此之間差異甚大，從使用性和賭博作為逃避技巧、到大吼大叫和諷刺他人、或是情緒上退縮、變身隱形人都有。

舉例來說，你或許發現自己會藉由浪擲金錢、酗酒、看色情作品以逃避情緒，或是與他人爭吵來進行發洩。這種行為來自於你心中背負著創傷的那一部分，因為它正努力要你承認它的存在。**你的核心創傷，也就是你失落的內在小孩，正以間接的方式要求自己得到療癒，好讓完整的你得以整合並且往前走。**

你心中的創傷從未與你的其他部分在情感上一起成熟，而上述類型的衝動行為正是這些創傷所呈現出來的不同層面，而且是情感上遭到凍結、不斷重複不良模式的那些部分。今日的你雖然是個成年人，有著成人的責任以及各式各樣的人際關係，不過一旦聽到、看到、感受到外在世界的某些事物，或是它們觸發你的情緒時，蟄伏在內的創傷就會被喚醒，導致你呈現、表達、與他人互動的方式就像是個年輕很多的自己。而且如同孩子一般，你或許想要亂發脾氣、逃跑、放聲大叫、打碎東西或是坐在水窪裡哭泣。

> 我們的創傷是個自己不願面對的真相，
> 我們只希望它可以消失。

且讓我們來看看這些內心創傷是如何被觸發的。假設家中有人認為你小時候很笨，然後又反覆提起，而其他人也說了類似的話。你開始為自己感到羞愧，而且將他們不喜歡的那個部分隱藏起來。你不會討論此事，你會否認它的存在、把它推到一旁，即便在某種程度上你明知道他們說的不是真的。

長時間下來，你開始相信自己的這一部分是不好的，因此覺得自卑或低人一等。每當有人提起此事，你就會開始全身發熱，感覺不舒服、尷尬以及心生不安，而且想要躲起來或變成隱形人。這種情感上的創傷變得很容易就被外在的觸發因子所**激發**（activate）。

許多身體方面的問題也可能與早期的創傷有關。舉例來說，許多我早期的童年創傷經歷已經被我內化，家中的動盪混亂也被我吸收，然後一直存在於我的體內。結果就是我小時候便患有各種腸道不適的問題。我肚子會痛是因為家裡所有騷亂的情緒都累積在我的體內。由於我是個富有同理心的小男孩，因此我把各種情緒混亂都吸收進去，而且也不知道該如何應對週遭的強烈情緒。我屏住呼吸、把一切推入深處，這也造成我心中有股不安的情緒，讓我不知該怎麼辦、說也說不清。

我曾試圖告訴我媽到底發生了什麼事，不過我還真找不出適當的話來說，因為我用的是一個幼童的詞彙和理解力。我當時怎麼可能有辦法解釋得了心中滿滿令我難以承受、有如旋轉萬花筒般的所有情緒？

後來我才明白，我也在試著保護我媽，不讓她受到我的情緒影響。我不想讓她難過，因此我沒有告訴她我不喜歡父母大吼大叫。我以為她會對我失望，所以我就讓肚子一直痛下去，並且強忍著心中感受，把家中強烈的情緒能量吸收進去。我在保護她，同時也在試著保護自己。

關於父母的話

我想要花點時間來談談我們對父母的感受。這些感受可能非常複雜，但重點是，請記得，正如同我的雙親一樣，你的父母或監護人已經盡了最大努力。怪罪給他們可能是個很誘人的想法（或許你已經責怪了他們），但是我希望你能停止這樣的責備，然後望向你的雙親，以溫柔的目光對他們所做的努力表示認可。

這不是要否認事實，而是客觀地看待你的處境，而非迷失在責備、羞辱和指責等等以自我為中心的習慣中，因為這種習慣我們已經做得太多了，不管是對他人或是對自己都一樣。這是一份對人類經驗的尊重，知道我們都有掙扎和戰勝的地方，也明白我們多數人都有許多尚未痊癒的傷痛，包括我們的父母也是。

我有幸來自一個父母都毫無條件愛我的家庭。在他們灌輸給我的所有慈愛和驕傲當中，他們所付出的無條件的愛自始自終都是一份巨大的禮物。這是我最大的財富。

> 身為成年人，我們必須學會給予自己童年時沒有得到的東西。

我知道許多人小時候沒有被別人餽贈無條件的愛。我明白父母可能不完全是愛的典範，但我相信他們都已盡力而為。我知道我的父母已經盡了力，我也知道有時候我所需要的已經超出他們所能給我。這個療癒過程的概念是，**你明白過去發生了什麼事，而如今你有機會創造出你的內在小孩目前所需要的東西。**

我們的受創故事

或許你對我的幼時經歷有所共鳴，但還是堅稱自己的童年過得很好。你會這樣想很正常，而且事實上，當我初次碰到新患者時，他們大多數也都表示自己的童年相當正常，沒有發生什麼重大的事。他們之所以培養出這樣的應對技巧，是為了讓自己在面對童年家庭中那些確實發生過的事情和經歷時，心裡可以好受一點。

我們的核心創傷經歷是在性格成長期——即出生到二十歲之間——所逐漸成形的，並且在我們如何看待或與自己及他人互動方面，產生各種影響終生的失常模式。這些傷痛造就了我們的受創故事，也就是我們對自己到底是何許人也、又值得擁有哪些東西的**敘事觀點**（narrative）。我們開始相信這些關於自己、半真半假的言論，然後又把對自我的意識感知與自己曾經歷過的事混雜在一起。對於那些不斷出現在我們生命中的情緒模式，其根源就是尚未得到療癒的核心創傷。我們自認：「我被別人虐待、忽視、傷害和拒絕，因此我就是個不好的人，而且生命中不值得擁有太多。」如果我們沒有嚴謹的界線，就會賦予他人力量來讓他們塑造我們的自我價值和認同感，並拋下對自我的意識，最終放棄自己。我們開始背負起他人的傷害、以及他們的痛苦和投射（projection），將這些當成定義我們是何許人或應該是何許人的想法。在這個過程中，我們壓抑並埋藏了真實的自我，並放棄了任何一丁點的自我價值、自我憐愛、自我信任和自尊。

我們學會厭恨自己，
比他人憎恨我們還要高出千百倍。

隨著逐漸成長，我們可能會忍不住想把各種有好有壞的記憶包裝成經典家庭電影中的一幕，因此我們會告訴自己「每個人」在成長過程中都受到不好的待遇，藉此正常化所有發生過的壞事。身為成年人，我們會理性地探討這些經歷，來替我們所受的創傷找出合理的解釋並忽略它們的存在。我們會用理智試圖放下這些發生在我們身上的壞事，將影響降至最低，但直到我們動手處理之前，這樣的核心創傷都會存在、隨時準備好要發作。當人們告訴我他們「相當正常」的童年沒有什麼大問題時，我會相信。但是在此同時，我也知道一些其他事，比方說，他們已結過三次婚，而且並不幸福。他們對於人生經歷的說法和表面上對我述說的童年往事根本兜不攏。他們已經將發生在自己身上的事情正常化了。他們沒有意識到自己兒時所經歷的傷害，如今正在造就他們心中的不快樂和失敗的人際關係。他們一再地用這樣的故事來催眠自己，好讓自己的心裡可以舒服一點，而且也不會感到那麼羞愧，甚至還向他人推廣這種說法。他們並沒有說謊；相反地，他們正在把這些經歷所導致的效應降到最低，卻不明白這些事件的長期影響和自己心中所背負的創傷。他們正在運用成年人的合理化解釋來看待童年經歷。

我們之所以針對一些較為嚴酷的經歷培養出這種「情感失憶症」，是因為我們本能地知道隱藏在表面之下的深層痛苦。對於我們大多數人而言，只需要在表面稍微用手抓撓，就能顯露出那些正在等人正視其存在的創傷痛苦。這些受創的記憶被我們內心所背負的羞愧包覆起來，同時也影響了我們對自己的感覺。

在療癒過程中，我們的心靈會打開空間，
讓過往的記憶重新浮現。

想要否認自己曾受過情感創傷是件再自然不過的事，但我們越是推開這份創傷，它的存在就會越來越明顯、越來越堅持，直到它找到一個宣洩的出口。當它真的向外宣洩時，往往會採取間接的方式，影響我們的選擇、我們的生活和我們的自我價值。

身為孩子，我們會接收他人對我們的言語、評判和批評，即他們所投射而來的羞愧。我們會不自覺地對自己說：「我喜歡這個人」或是「我尊重他們，也希望他們喜歡我」、「我一定不是以正確的方式來看待我自己，所以我要開始用這樣的方法看待自我，因為他們眼中的我就是這樣子」。正是因為如此，我們開始認為自己十分醜陋、糟糕、錯誤、愚蠢、無知等等。當我們接受、採納並抱持這種別人對我們投射的觀點時，這樣的觀點就幻化成真，然後我們便失去了與真實自我之間的連結。

然而這些關於我們自己的想法並非總是來自外界。我們還可以編造關於自己的敘事觀點——我們要怎樣才能變得更好、要如何行事才能做得更快，或單純地把自己拿去跟他人比較。不管其出處是來自何方，最初只是某人的無心評論，或是我們對自己的想法，很可能會變成一種受傷的、扭曲的自我概念，然後我們便接受了這種錯誤看法，將它納入我們的受創歷史和故事中。傷人形象和敘述中。這種誤解會一直伴隨在我們身旁，直到我們開始療癒並中和這樣的負面自我對話。

以上的例子只是一些我們所培養出來、能夠激發舊傷的觸發因子。然而有種方法可以讓我們走出這個迷宮，那就是透過學會使用正確的工具來完成這項工作。

如果我們必須追逐愛，那它就不是愛。愛會在半路上與我們相遇。

——傑夫・布朗（Jeff Brown，心理學博士）

故事：史蒂芬，一位在情感上被遺棄的少年

史蒂芬是一名三十歲的藍領工人。他想要和女友好好在一起，對方卻一直將他推開，

而且對他也不太好。他還是不死心，而且就像多數心中強烈企盼著什麼的人一樣，他還竭盡全力想讓感情繼續保持下去。他不想放棄她，也不想拋下這段關係，因此他不停改變自己，企圖使自己成為她心中理想的男人，這樣她就不會傷心難過。他不斷放棄自己的權力，做出過度的補償和自我妥協，完全沒意識到自己在做什麼。

史蒂芬和他女友的感情很不穩定，就像是輛三輪馬車。有時馬車穩當地載著貨物、穩穩向前行駛，但接著又向一旁翻覆，上頭的東西全都傾倒出來，車底重重刮著地面。想要維護這段關係的心意讓史蒂芬看不見這一切事與願違，他透過不斷否認自己、忽視自己的需求來繼續補償下去。他只看到他的感情馬車曇花一現地平穩行駛，卻忽略了馬車翻覆、各種東西灑落一地的所有時刻，把一切搞得一團亂，需要好一陣子才能恢復原狀。

治療過程大半都是在教導人們如何內省。我們會收到很多資訊，但大部分的時候，我們的內心仍無法平靜到可以傾聽自己的聲音。有時我們雖然明知某段感情或是某個情況對自己有害無益，卻仍不禁自欺，希望事情能夠好轉。史蒂芬一直在用他希望這段感情能發展成的樣子，而非現實究竟是如何來分散自己的注意力。

當我問到為何他自認一直在追求她，以及是哪個部分讓他無法輕言放棄，他回答：他只是太想要維持這段關係、甚至可以不惜一切代價，然後他竟說：「前幾天她在一群人面前對我大吼大叫，但我想那是我活該吧。」他忽略了各種顯而易見的跡象，顯示在這段感情中，他被人羞辱、呼之即來揮之即去和差勁對待的虐待本質。

史蒂芬無法從一個被療癒的觀點來看待這段感情。他負責任的成人自我和受創的自我正在接收各種傳達進來的訊息，但他心中那個情感受傷的部分卻解讀成他理應遭受這樣的待遇，而且這個部分的聲音還很響亮。他不但封閉了來自真實自我的感受，還賦予假象力量。他只知道當他不在她身邊時，他會心生沮喪和不確定感，因此他會緊緊抓住這段感情並待在女友身邊，以免感到孤獨和被遺棄。

一開始當我們展開治療時，他表示自己的生活中沒有什麼重大的事情發生，接著又繼續說到，在他還是個小男孩時，他和他的姑姑非常親近，兩人一起共享了許多冒險經歷和知心話。在他十四歲時，他開始想做其他事情，而不是一直和姑姑玩在一起。他還是會想和姑姑共同做一些事，不過他的生活已經迅速擴展，因為身為高一生的他，開始會去注意女孩子。

出於某種原因，姑姑對這樣的變化感到惱羞，因此突然將史蒂芬趕出她的生活。她不再向他問好或邀他一起玩，就連在家庭聚會上也對他不理不睬。史蒂芬難過極了。他感到困惑、受傷，也非常想念他和姑姑之間的關係。雖然他明白了這樣的暗示，也不再試圖和姑姑往來，但這份傷痛卻一直在他心中。

史蒂芬告訴我，他的某部分在被姑姑排斥後死去了，而且他也因此責怪自己。當他開始和女生約會時，他變得非常黏人，讓女孩們為所欲為，也不想讓她們失望——就像他對現任女友所做的那樣。他不想讓女孩們像姑姑那樣離開他。他受傷的部分不想再度體驗那樣的感覺。

史蒂芬因為姑姑的排斥而產生了情緒上的後座力。當姑姑在情感上離開了他，他的一部分也凍結在十四歲那一年，而這種感情上的拋棄也一直在他身旁如影隨形。他認為他是做錯了什麼才會導致關係生變，問題都出在他身上，這樣的想法被他內化、烙印在心中。

身為一個成年人，史蒂芬只知道他曾經失去過一段重要的關係，因此他不會讓這種情形再度重演，而結果就是他無法擺脫這段有毒的感情。他十四歲時受傷的部分還在緊抓不放，拚命想把這個女人留在他身邊。他在這段關係中無法完全表現自我，因為在談感情的是年少時受創的自我，而不是現下的成年男子。

在我的引導之下，史蒂芬寫下了他從出生到二十歲那年的人生時間軸，記載了他所能回想起的各種事件和情緒。（你將在第五章之中寫下你自己的大事時間軸。）他很快就發現自己從早年開始就依循的模式，也看到自己正努力重現他與姑姑之間的關係。他非常懷念與姑姑的親密關係，以及從中獲得的認同感和各種冒險與樂趣，因此他試圖談好與女友的這段感情以符合他的敘事觀點，而不是就事情本質看清現實。正是這份領悟，使他開始打破這種模式。

史蒂芬能夠看得出，他之所以緊抓住一段對他有害的關係不放，正是因為他可以避免再次感到孤獨和被人遺棄。他以為自己的選擇，要嘛是談一段糟糕的戀愛，要不就是形單影隻、遭人排擠。一旦他的成人自我看清他所身處的反覆循環，他便感到難過、生自己的氣。他意識到自己浪費了多少時間，竟在這段失常的感情裡和跟一個只對傷害他人感興趣的女生談戀愛。

他開始設下界線，明確地限定他的女友——或任何人——在對他說話時，有哪些是可以接受的，哪些又是不可以接受的。舉例來說，任何人都不能對他一副高高在上、不理不睬或尖酸刻薄的樣子。至於對他展現尊重和認同，以及成為他始終如一的朋友，這些當然不會有任何問題。

進行治療的期間，史蒂芬那位帶有虐待天性的女友甩了他，聲稱他不是她心目中需要的那個男人。她反覆上演著她那令人挫折感十足的循環模式，將自身的所有痛苦都投射在史蒂芬身上。不過如今他在情緒反應包之中設下了一些界線，並且利用這些界線在感情層面上對自己進行保護，也藉此告訴她他是如何因她的評語和舉止而深感傷害。

透過上述過程，史蒂芬的十四歲受創自我開始展開療癒，而這個受傷的部分也與當時正在設下界線、負責任的成人自我相互結合。由於史帝芬已徹底了解他的女友對他有害，所以他的青少年自我也不會因為她的離去而感到激動不安。史帝芬後來意識到他為了與女友復合，所甘願放棄的權力竟有多少，他也看清楚在這過程中，他是怎樣迷失了自我。

在我們治療過程之初，史蒂芬太過專注於當下發生的事件，以至於他看不到自己早期的情感創傷是如何阻礙現在的他。他的十四歲自我竟是如此瘋狂和絕望地想要留住女友，甚至導致他犧牲掉自己。如今他的身心全體都知道如何挺身出來捍衛自己，也學會在一段感情中如何才能不把那些寶貴的自我拱手送給別人。

內心的幼童

> 只有不再害怕童年之初的強烈情感世界時，我們才有可能接近真實的自我。
>
> ——愛麗絲・米勒（Alice Miller）

我們大多數人的心中，都有一個感覺起來更年輕、更不成熟、反應更直接，以及更不受控制的部分。我們可以把這個部分視為是我們內心迷失的小孩，也就是承載我們內在痛苦的那一部分。簡單來說，當過去的問題被觸發時，你失落的內在小孩所背負的受創情緒和衝動反應，就會由你的成人自我表現出來。

有時候，童年的受創自我會強行壓過人格當中的其他部分。內心的這一部分已經學會自我保護和防禦，而且還可能會相當強勢及粗魯。它永遠都不希望任何不好的事情再度發生，而且受了傷的它不僅擔心害怕，還絲毫沒有成熟長大般地凍結在原處。這個受創的部分生活在恐懼而非信任當中，並且開始主宰著內在的世界。受創的自我會基於恐懼而對任何試圖提供幫助的人大發脾氣，就連對體貼好心的人也是。這個部分會防禦性地保護心中創傷，把他人都當成是威脅。

因為人格中的這個部分通常都很發達且強勢，所以能了解一個人在發生這樣的創傷之前是什麼樣子，以及其家庭狀況到底如何，都會非常有幫助。就拿史蒂芬為例，按照他自己的說法，他到十幾歲之前的童年都過得還算不錯，因此我們觀察了他在那之前的狀況，並且鼓勵這個部分為自己發聲。史蒂芬便得以和內心這個強大且真實的聲音產生連結，幫助身為成年人的他設下界線。

如果你開始發現受創自我在心中變得強勢、占有主導地位，試著靜下來與這個部分共處。在你平靜的時刻，看看能否請這個部分與你共享一些智慧。**你的內在小孩可能在發脾氣、面帶微笑，或是覺得高興、悲傷、受傷，甚至自憐自艾，無論如何，他都只是**

在尋求發聲的機會，請求你承認它替你背負著深痛的創傷。在我個人的療癒過程當中，我發現我在十歲大的時候經歷了一次關鍵性的受創事件。雖然在那之前和之後也有發生過別的事件，不過我的感情就是在十歲那年被凍結起來、把創傷遺留在原地。當時的我既害怕又困惑，不知爸媽為何要吵架。我會努力當父母之間的和事佬，試圖控制他們，如此一來我在家中經歷的混亂和內心感受才不會那麼令人難以承受。

就如同多數小孩一樣，我也認為自己的力量很強大，以為自己可以成為英雄、對我的父母造成影響。

透過身為小孩子的奇思妙想，我甚至認為如果自己變得完美、把別人吩咐我做的事都做好，並且永遠不讓爸媽生我的氣，那麼他們就不會爭吵，然後我就會感覺世界很安全。可是不論我變得有多乖，卻還是沒有辦法讓爸媽時時刻刻都相親相愛。雖然我無力改變我父母或他們的行為，但我必須要變得完美的這種想法卻一直停留在我心中，而這份創傷也一直延續至我的青少年時代，進入成年時期。

那些發生在童年的事件，對我們造成的影響程度往往比成年的事情還要大得多。小時候的世界還小，我們也沒有太多力量或控制能力，而且大腦也沒有完全發育成熟，因此會把很多經歷看得非常重要。隨著我們逐漸成長，週遭的世界也持續擴展，而且正是因為這種更廣闊的世界觀，我們開始認為童年時發生在我們身上的事其實也沒什麼大不了的。

以成年人的理性角度來回顧童年時，我們會認為自己應該把所有發生過的一切都拋在腦後。我們盡量淡化童年的感受和經歷，並告訴自己當時每個人的家庭都是「那個樣子」的。雖然這點可能是真的，我們仍是以成年人的視角來回顧過去。我們雖不願記起過去發生的壞事，但是它們依然就在原地、等待有人來探索。我們失落的內在小孩將這些事件一一記錄下來，而且在感情層面上，它們就算到了現在也跟以往一樣真實。大人們隨口說出的一句話對一個小孩的自我意識來說，很可能就會變成一個決定性的一刻。

HEAL療程能幫助你以安全、溫柔和憐愛的方式直接接觸這些受創的部位（wounded parts），這樣就可以開始讓心中的受創幼童融入自我，使自己成為一個完整無缺、情感健全、心智成熟的成年人。

第2章 療癒情感上的創傷

若你經常鬱鬱寡歡，你就是活在過去；
若你經常緊張焦急，你就是活在未來；
若你總是泰然自若，那就是活在當下。

那些最有效的療法都包括「說故事」。把你的故事說給別人聽是件很有力量的事，純粹為了自己而把你的故事寫下來，也同樣具有療癒效果，因為這麼做就是在**承認自己的痛苦確實存在**，同時表示：「沒錯，這件事的確發生過，不過現在我就從這裡展開自癒之路。」

在接下來的篇章中，你將會看到我協助他人療癒的故事，以及我的親身經歷。除了我自己之外，其他人的姓名和相關資訊都更動過，而且當事人也都同意我與讀者分享他們的故事。各位能藉由這些故事看到，當我們在孩提時代經歷戲劇化或情感上重大的事件，產生的創傷會匯聚成內在的核心創傷。該受創事件也會與當時的年紀形成連結，我稱之為**受創年紀**（age of wounding）。

為了處理這份感情上的創傷，我們會從受創年紀被凍結的情緒下手，因為當事人會以不成熟的情緒反應作為工具，來應對這個令人困惑的世界並與之互動。你將學會如何把自己的這個部分擬人化，如此一來就可以開始很容易地與它產生共鳴。

請注意，我在整本書中會經常使用以下詞彙：受創的部分（wounded parts）、受創的自我（wounded self）、受創者（wounded）、以及失落的內在小孩（lost inner child）來代指情感受傷的內在小孩。

在進行 HEAL 的過程當中，你或許會用自己的方法來稱呼失落的內在小孩，不論是用當時的小名，還是目前你覺得合適的綽號都可以。（這邊必須清楚說明，所謂受創的內在小孩這種概念，並不代表你患有從前被稱為多重人格障礙的「解離性身份障礙症」。）

當你為受創的部分賦以聲音，
它會深感欣喜，因為那份痛苦終於被人聽到。

你的傷處一直試圖藉由基於受傷和衝動所做出的制約反應來與你溝通。它一直在對你發送密碼、示警紅旗和危險警報，但你可能忽略了這些訊號，完全不知道其含義或該拿它們怎麼辦。**你用來與他人互動的各種失常手段，其實是內心痛苦與創傷的對外浮現，試圖和你本人及他人溝通。**這些受創的衝動反應或許有些只比孩子們的反應還要得體一點，但根源全是來自一段痛苦的經歷。

現在請花點時間來深省你的內心。想想你所背負的各種傷害、創傷、痛苦和沉重的負擔。看看你是否能維持一段平靜的時間，足以讓自己聽到那些企圖吸引你注意力的各種情緒和痛苦。它可能會是當你處於某些特定狀況時，心中不斷重新浮現的記憶或感覺。這些感受都相當自然，也是你的一部分。試著稍微保持住這樣的情緒，然後繼續進入以下的練習。

請花點時間來確認你目前心中浮現的三種感受。這些感受可能與你當前生活中所發生的事情有關聯，或者事關你記憶所及的一段兒時經歷。這些感受反映出你內心正在遭遇的事——它們沒有好壞之分，純粹只是內心的感受。

你注意到了什麼？我想邀請各位多多習慣關照各種感受，因為它們為你承載著豐富的智慧。（如果你在尋找感受字詞的時候遇上困難，請參閱附錄 A 的感受字詞表。）

任何形式的痛苦都會一直伴隨著我們，直到獲得解決。它是內心創傷的信使，會不斷用憂鬱、焦慮、心痛、甚或有時以身體毛病的形式來對我們傳遞訊息，直到我們著手解決。這些情緒可能會大大影響我們在生活中所做的各種選擇。認識它們是很重要的，如此一來，我們在處理這些痛苦訊號時，才能有意識地做出明智的選擇。

HEAL療程如何發揮功效

把一張紙捏成一團，然後攤平，在攤開後，你可以看見那張紙又重新變回了原本的狀態。當你把紙放在桌上慢慢攤平時，你會發現有些區域看起來滑順完整，而其他位置則是變形、起皺。

在你盡力把紙弄平之後，請仔細看看原本的平整區域和起皺紋的瑕疵部分。就像紙張一樣，我們都有滑順和皺起的部分，加起來就是我們的總和，不算好也不能算壞。我就是希望各位能用這個方法看待自己——你就是你所有部分相加而成的總和。

當你在這段療程中歷經一些療癒的片刻，過去一些被揉皺的部分將會重新變得滑順平坦。隨著療癒之路不斷延展，某種魔力也會逐漸浮現，使你更能獲得一個嶄新、更為平順寬廣的自我。

你會得到新的自信和智慧，也不會像過去那樣對某些事情做出過於戲劇化的反應。

你或許還會注意到，過去一些不曾被你放在心上的人事物，如今反而使你感到不快，但你卻不知原因何在；又或是注意到那些從前會令你煩心的事物，現在的你卻幾乎不會察覺。這些都在在顯示你的自我正在逐漸擴展，邁向一個更宏大的領域。你會開始更加傾聽自己的聲音、察覺並正視那些可能一直存在心中的感受，然後捫心自問：「我現在該怎麼面對這種感覺？」透過療癒和擁抱真實生活的過程，你將得以檢視自己已被療癒的那些部分——也就是你心中功能如常、經過整合、負責任的成人自我，這是因為你做對的事早已比做錯的多。你也將得以檢視那些失常的、分崩離析的部分，即有待治癒的傷口。

之所以選用「療癒」這個詞，是因為我相信一直到我們離世之前，我們都一直處在療傷、擴張和成長的狀態中。我們生來都是療癒的，接著再經歷生命中的所有悲痛和成就，進而影響並改變我們對自我的意識。

HEAL療程著重的不是你錯在哪裡，

而是顯露你做對的地方。

HEAL療程將幫助你從不同角度、更清晰地看待自己。當你開始發現自己童年早期的受創往事和當前一些問題和反應有所關聯時，你將會恍然大悟、更明白那些失常的行為模式。你會清楚看見受創的內在小孩何現身而出，像個孩子那樣，用受到傷害和偏見的情緒化假設來做決定。一旦有意識地承認你正在做的事對自己有害時，就很難會持續這種行為。

HEAL療程是種讓人煥然一新的經歷，旨在拓展你對自己的認知。這是一個動態的過程，你會一邊閱讀他人走過的路，一邊學習如何觀察和描述屬於自己的旅程。

你會在接受引導之下，一步一步地描繪出你從出生到二十歲這段期間所發生的各種重大事件。你將檢視這些經歷，並學會如何識別哪些是情感上的要事（emotional standout）。那些快樂愉悅的經歷會有助於開拓自我、讓你感到腳踏實地和真實，受創的經歷則會限縮你的真實自我，令它無法變得充實、自由和開放。

藉由發掘出那些明顯的核心創傷，你就能更輕易地找出這些經歷、感受和衝動反應與你目前的一些成人互動之間的關聯，並且把早年建立的模式與你現今的反應連結在一起。你還會發現，自己的確在某部分變得更為成熟了，而那就是你「負責任的成人自我」，他會在你的生活中做出各種成熟的決定。

負責任的成人自我

所謂負責任的成人自我，指的是你心智與情緒上隨著時間漸趨成熟的部分，它會不斷成長茁壯。這個部分沒有深陷於過往，行為上像個成年人，不但負責任、腳踏實地、讓你能夠維持生計，而且通常會做正確的事。這是你最好的一面。雖然負責任的成人自我不會一直出現，但當它現身時，就會嘗試做對的事情，讓一切順利進行。

負責任的成人自我不會陷入功能失常、傷人傷己的惡性循環當中。這個部分的自我會不斷往前邁進，除了努力完成學業，還讓你覓得工作或伴侶，在成人的世界中建立起自己的人生。

當痛苦被觸發時，受創的部分會出現在你的成年生活中，然而負責任的成人自我能夠在必要時挺身而出，理智並自信地做出合理的決定。

負責任的成人自我是心中能夠正常發揮功能、合理設下界線的部分，不但可以幫助受創自我進行療癒，還相當堅強穩健，能明確表達自己的界線、為自己的身心上下做好後盾。要讓HEAL療程順利進行，負責任的成人自我是最重要的運轉組件。

故事：珍妮佛和她不斷上演的循環

珍妮佛是位聰明的女士，努力想搞懂為何她在人際關係中總是犯下相同的錯誤。她常常選擇待她不好的男人，有的甚至還有言語暴力。她的第一任丈夫雖然不會口出惡言，但卻無法保持專一，多次外遇。第二任丈夫則是有兩個十幾歲的兒子，性格喜怒無常，在家人和朋友面前雖然是好好先生，但兩人獨處時卻會辱罵珍妮佛。在他們結縭期間，他也有過一次婚外情。

珍妮佛的第三段長期關係則長達十二年。佛萊德是個鰥夫，珍妮佛後來才明白他雖然很有魅力，卻是個控制欲極強的自戀狂和虐待狂。他們倆結識時，他正獨力撫養著三個年幼的孩子，而在兩人整段交往關係期間，他都時常對珍妮佛和自己的孩子們惡言惡語。

珍妮佛一直沒有和佛萊德分手，主要是因為她害怕把孩子們單獨留在他身邊。珍妮佛決心等到最小的孩子上大學後再離開他，雖然事後她很自豪自己有結束這段關係，不過佛萊德卻不願意放手讓她離去。他不但跟蹤她，還在她車上安裝跟蹤裝置，珍妮佛在得知此事後感到非常害怕。

珍妮佛來找我進行治療時，她感到既沮喪又困惑，也厭倦了這段雲霄飛車般的關係。

工作時的她雖然心情愉快，下班回家或是和姊妹淘相聚時也試著保持積極正面的態度，不過內心卻依舊痛苦不堪。她那自戀狂前夫的情感操弄手法，讓她時而感到理智，時而覺得自己瀕臨瘋狂。她知道一定有一條更好的路可以走，卻不免擔心自己的人生會一直這樣下去。儘管她早已離開了他，但這種高度失常的關係卻令她經歷一些被傷害的後遺症。

於是，珍妮佛展開了足以轉變人生的ＨＥＡＬ療程。她列出從她出生後到二十歲的童年時間軸，發現八歲那年發生了一件值得特別注意的事。

她小時候曾經在祖父的水果攤上幫忙賣西瓜。某天她短收了二十五美分，然而爺爺非但沒有像個理性的成年人那樣，認為她可能只是找錯了零錢，反而還指責她偷錢。這段經歷簡直讓她心碎，她因自覺讓爺爺失望而感到難過不已，但她認為自己記了帳、而且零錢沒找錯。然而，珍妮佛很信任她的祖父，所以覺得他一定是對的，而自己是錯的，畢竟他沒有任何理由欺騙或是傷害自己，那可是嘴上常常說愛她的爺爺啊！所以她當然覺得是這件事是自己的錯。

年僅八歲的珍妮佛還不具備建立界線的技能和觀點，因此她開始把「抱歉」掛在嘴邊。她用一種新的方式來與世界互動——她學會成為一名受害者，並且將他人的不當行為攬上身。她學會相信別人比相信自己更多。

這段經歷不但變成珍妮佛生命中的重要時刻，也開始變成她自我催眠的故事。八歲就是她傷痛被激發的「受創年紀」，在那往後的人生中，她總認為自己是愚蠢的、自己需要為他人的行為承擔責任並感到抱歉的這種信念。

在回顧自己成年生活中所做的選擇和行為模式時，珍妮佛可以看出與她有過關係的三個男人有著許多共通點。他們都各有自戀般的受創、自私、虐待之道，而且都跟口中形容的自己大相逕庭。她更發現這三個人都跟她祖父有相似的特徵：他們都讓她相信自己一文不值、駑鈍，使她長期處在沒安全感的狀態，根深蒂固。

珍妮佛在進行ＨＥＡＬ療程時清楚地看到這些模式，同時明白建立各種健全界線的必要，無論是在自己內心或是在人際關係當中都是如此。她看穿了，是自己的受害者情結以及她對自己的看法，讓她找到這些類型的男人，而對方也因此被她吸引。她的創傷試著得到療癒，卻是用這種不健康的方式——無意識地吸引這些男人來到她的生命。

她學會如何設下**內在界線**（internal boundaries），好讓她停止不斷告訴自己，認為自己很糟糕或都是自己的錯，也學會如何不再對人的行為表示抱歉。為了能夠更妥善地應對**觸發事件**（triggering event），她也培養出新的實用反應工具。她後來表示，她所學到最重要的一件事就是為自己扛起責任——意即她是唯一可以解決自身問題的人，並且不再把感情結束的方式歸咎於男人。

透過檢視自我，珍妮佛明白，是她受創的內在小孩讓她一直離不開這些男人，即便她的成人自我知道自己身處的這段感情其實很不健康，也值得更好的關係。她為自己和他人所建立的實用反應工具和界線奠定了良好基礎，使她未來能夠免於陷入糟糕的感情，打破這種惡性循環。

在我們首次的療程當中，珍妮佛花了四十五分鐘告訴我這些男人有多麼苛刻。我對她說，如果她可以努力審視自己和自己所做的選擇、對自己負責，別再試圖去搞懂這些受傷的自戀男人，那麼我就有辦法幫助她。

我告訴她，我們可以一而再、再而三地討論為什麼這些男人會對她做出這些事，但永遠都不會得到結論。她所尋求的治療並不是要搞懂那些男人，而是要療癒自己。這層了解幫助她將注意力從他人身上移轉到更難達成的自省上。珍妮佛後來告訴我，面對自己並不總是那麼容易，然而一旦她做到了，一切都開始有了改變。她很感激，創傷被治癒後，她終於有辦法愛自己、原諒自己，而且還吸引許多以往在她圈子裡不會出現的好人進入她的生活。

實用反應工具

從珍妮佛的故事中，可以看到她是如何養成這種將他人的責任攬上身，並且對一切充滿歉意，藉此來與他人互動並控制自己人際關係的模式。

她從早期的創傷中發展出各種衝動反應，像是懷有戒心、過度表示歉意及自責。她原本可以一直循環不斷地怪罪這些男人——包括她的祖父——但這樣的指責只會讓她繼續當個受害者。

反之，她學會發展出實用反應工具，像是為自己的人生選擇負責，以及不怪罪他人或自己等等，並且懂得如何在自我與他人之間設下明確的界線。她的負責任的成人自我已擁有了許多實用反應工具，而HEAL療程則幫助她了解如何在人際關係中使用這些工具，而非僅止於應用在工作上。

就像珍妮佛一樣，我們在工作上時常擁有很好的界線，但卻覺得私人生活中不需要設界線，然後另一方面又納悶為何我們的人生竟如此地沒有條理、混亂無章。我們雖然擁有界線工具，卻只是漫不經心、偶爾才使用它們。即便我們有著各式各樣的衝動反應和實用反應工具，真正的技巧卻是學會在不同情況下使用正確的手段。你的實用反應工具包中裝滿了各種正面且堅定的想法、感受和行為，而這些工具可以幫助你與自己和他人建立穩固踏實的關係。這些工具並不是源於受創之處，而是從心中一個圓滿無缺的地方培養而來，並且深植於你真實自我的核心。無論你是獨自一人還是與他人共處，你都會在平衡、反應不激烈和不偏頗的狀態時使用這些工具。當你清楚知道哪些事物有助於你，哪些又毫無益處，並且設下良好健全的界線時，你就會能夠靈活運用它們。在你感到真實、充滿自信、頭腦清晰、堅強剛毅和穩定平衡時，就會使用這些工具。

在你思緒混沌無明的時候，運用這些反應工具可能會變得更加困難，因為我們在發生狀況時往往會選擇最順手的工具。心生恐懼或不知所措時所用的工具並不一定是最實用、最有功效的，特別是當你失去重心並感到受傷時。相較於保持理智、清楚地表達心中感受並設立健全的界線，整個人停擺或口出惡言往往會來得容易許多。

如同你將在第三章中讀到的，我所開發的各種成熟和實用的工具，有許多都來自於對我父母和其他成年人的觀察，當他們頭腦理智、有著明確的想法和意圖時。我學會了如何心懷同情、為人和善，並且對那些較為不幸的人伸出援手，也藉由觀察身邊腳踏實地、認識真實自我的朋友們，看他們如何應對各種狀況，從而學到許多實用工具。

你的實用工具和衝動反應都放在同一個反應包裡。進行HEAL療程時，你會對心中使用衝動反應工具的受創部分產生同情心。你會看到這些衝動工具如何一度為你所用，而如今它們又是怎麼阻礙你過著健全的成人生活。

你的實用反應工具會隨著時間不斷發展，就如同你以前的受創工具一樣。這些想法、感受和行為在孩提時代曾對你有所幫助，可能到現在都還持續幫助著你。這些特質和反應不但能幫你腳踏實地，也可以讓你與真實自我更加貼近。

以下列表為實用反應工具的一些範例：

- 即便沒有得到別人的認可，依然對自己感到自豪。
- 辨別出那些為了幫助自己順利度日，你所需要採取的健全且正面的作為和選擇。
- 對那些有助於你、不停鼓勵你的朋友表示感謝。
- 當你完成某件非常具有挑戰性的事情之後，好好稱讚自己。
- 尊重自己和自己做出的決定。
- 能夠辨別出某些關係何時是互利互惠的，而何時又不是。
- 了解自己每天都會盡可能地做出最佳選擇，即便這些抉擇並不完美。
- 鼓勵自己往前進，找到動力去做那些你認為適合自己的事。
- 多愛自己身上那些仍需得到照顧的部分，好讓它們可以痊癒。
- 向他人尋求協助。
- 好好照顧自己、在有必要時多加休息，或是從事嗜好或運動來放鬆自己。
- 對自己信賴的人展現情感脆弱的一面。
- 跟那些能助你覺得完整的親朋好友建立良好的關係。
- 看清楚哪些人事物對你有用，哪些則對你不利。

一旦具備療癒的觀點，那些實用工具在你眼中就會顯得清楚可見，因為你看得出使用這些工具所帶來的正面且健全的效果。與受創工具相比，使用這些工具會變得更為簡單。

練習：你現有的實用反應工具

利用上述的實用反應工具列表，想想看一些目前對你有益的實用反應工具。在筆記本上寫下那些你會使用以及你想培養的工具。有哪些是你憑直覺就知道有必要培養的工具？

想想看有哪些實用反應工具是你生活當中其他人會使用，而自己卻不會的。哪些則是你想開始使用的？請同時把它們寫下來。（保留這些筆記，到第七章名為「開發新工具」的練習中使用。）

HEAL療程的目標

我們每個人都有一些能刺激並促進我們療癒過程的經歷。HEAL療程的目標就是要促使你的身心上下都能不斷進行療癒，並且幫助你和負責任的成人自我達到相互**融合**

（integration）的狀態。這是一個全面轉變、充滿動態、持續不斷的過程。你正在培養出全新的思想及感受模式，而這些新的模式未來將成為你的一部分，幫助你感到更完整、更真實。

真實本性

真實本性（authenticity）即是我們身為何人的核心所在。當我們的思緒明智、平衡、保有重心時，那就是我們真正的本質，也是明白我們值得被愛、受人尊重和信賴的那一部分。你的真實自我從不曾棄你於不顧，但你可能因自己虛造出來的假象，又或是因為別人投射在你身上的想法，像是你不配擁有某事物等，從而將你的真實自我埋藏起來。

> 我們並非生來就認為自己不如他人。
> 這是我們後天習得的想法。

我們常常背負著其他人加諸在我們身上的幻想。這些假象扼殺了真實自我，將其掩埋在欺騙和謊言編織而成的厚重毯子下。HEAL療程的目標之一就是要揭露真實的自我，鼓勵心中的這一部分超越那些假象，並且讓它變得更強壯充實、擁有更宏亮的聲音。

當你可以跟真實自我緊密連結時，人生會變得更加輕鬆，因為你只需要做你自己、表現自我就好。

韌性

韌性（resilience）就像是浮在水面、永不沉沒的小船，即便是在波濤洶湧的大海也一樣。當我們在茫茫人生裡翻來覆去，心中的這一部分仍會重新浮出水面，並且順著生活的動能持續朝前邁進。當我們需要克服或度過艱困的時期，具韌性的自我會與真實自我相互結合，幫助我們跨越各種令人難以承受或反覆上演的狀況。它是潛藏在內心深處、提供我們力量和堅貞的泉源。

在我們絕望無助時，堅韌的自我會與真實自我共同攜手，幫我們找到繼續向前的動力。它能讓我們保持堅強，並幫助我們牢記，就算遭受拒絕，我們仍是值得被愛的。就是內心的這個部分讓我們在每早起床、迎接生活時，能夠相信某些事物——或是所有的一切——可以比前一天變得更加美好。

韌性是我們用來適應且探索人生、並從各種負面或極具挑戰的生活經歷當中重整旗鼓的一項能力。當我們無法看清事物、覺得一切盡失的時候，堅韌的自我還能替真實自我保有希望。HEAL 療程的目標之一正是要加強並恢復你的堅韌自我，使它能夠發揮全部潛力，好讓你在認為有必要時能夠輕鬆地加以利用。誠如真實自我一樣，你的堅韌自我也正在等待有人能予以鼓勵，並且重新將它尋回。

調和力

調和力（attunement）是我們用來決定對特定情況要作何反應的能力。它所呈現的是我們對他人及其需求的反應程度，以及我們如何將這點反映回去給他們。**自我調和**（self-attunement）則是指我們與自己的生活和需求有多麼一致。

無論這些童年經歷是好是壞，它們都造就了你這個人，而這些經歷也成為你的敘事觀點和故事的一部分。終其一生，你都在編織一幅專屬於你和你個人經歷的掛毯，沒人的掛毯會跟你的一樣，而這就是你以及每個人都與眾不同、獨一無二的原因。自我調和也被織入了你的掛毯之中，其能力高低則取決於你內心得到療癒的程度。如果你有許多尚未解決的問題和怨恨，那麼你就更難達到調和的境界。

世界上沒有任何人的運作方式會與你相同，因為編織到你掛毯中的所有經歷總和是專屬於你、獨一無二的。其他人可能會有類似的人生經歷，但沒有人對世界的看法與你完全相同。你會調整或調和出一套特定的處世之道，而這套方法會呈現出你獨特的印記。當我們向他人述說我們的故事時，這種與眾不同的感覺正是我們之所以希望被聆聽的原因。我們的故事對自己來說非常特別，因此我們希望別人也能夠承認並認同我們的獨特性。

自我調和與我們自身的各種特性有關，包括個性（天生本性）、環境（後天養育），以及我們的復原力或是經歷世事的能力。根據那些被編織進入我們人生掛毯的各種體驗，我們當中有些人可以安然無恙地度過驚心動魄的經歷，其他人遇到類似狀況則會感到不知所措或內在難以承受，進而自我停擺。

我們與他人的調和程度，說明了我們為何會有喜愛喧鬧音樂會和聲光刺激的朋友，或是珍惜寧靜與沉默時刻以及細微舉止的友人。每個人都會透過本身自我調和的觀點來體驗人生。我們都會被那些讓我們感覺良好的人事物所吸引，也會主動接近那些與我們本人或是與自己享受、感到活力充沛的東西所相互匹配的人事物。

我們會藉由調和反應的觀點來解讀自己的經歷，因此某件事物要不是與我們自身彼此協調（synergistic）（即交會且流暢），要麼就是與我們的個人調和狀態相互對立（opposition）（即銳利且崎嶇）。

當你的自我調和清楚明確、不存在任何誤解時，
你就可以輕易地與真實自我緊密連結。

就拿一個安靜內向的孩童來說，小學四年級時在全班同學面前講話可能會令他不知所措或引發創傷，產生一個對他來說尖銳又嚴苛的核心受創時刻。但是當班上的開心果站起來說話時，他卻得到了一個適合自己的舞臺，因此同樣的情況很可能會令當事人感到和諧流暢。一個人的經歷與他的本性不相符，而另一位則符合本性。上述例子中的兩個孩子都只是在做他們自己，而且內向的人和外向者同樣擁有許多寶貴的技巧和才能——他們只是以不同方式經歷相同狀況而已。

如果進一步研究這個案例，我們會發現，內向的孩童經常被人鼓勵要改變自己，變得更像外向的孩子一樣，然而這麼做卻違背了他們的本然狀態。

另一個例子則是，當你和其他人都無法相互調和時，那麼這些人會經常試圖改變你，只因他們不懂欣賞你的獨特之處。他們會告訴你他們覺得對味和有共鳴的東西，以及他們喜歡的一切，因為這些在他們眼中都比你所喜愛的事物還要好。當這種情況發生時，你與他們並不協調，而是彼此對立。如果沒有嚴謹的界線，這種狀況就有可能造成混亂和情感創傷。

當別人將自己的看法投射到我們身上，而我們也對這些看法耿耿於懷時，就會產生受創時刻。

舉例來說，當你還小的時候，你的爸媽或朋友可能會問：「你真的要穿那件衣服嗎？」，或是你的父母有可能詢問你為什麼想打排球，抑或是不以為然地質問你為什麼會對鳥類學這樣的科目感興趣。這種問題聽起來沒什麼惡意，但是當我們一遍又一遍地聽到這些評語時，便會深深烙印在心底。

這就是那些負面的自我對話之所以產生的原因，像是「我這個人很糟糕」、「我是個笨蛋」、「為什麼我無法做得更好？」、「為何他們對我如此惡毒？」以及「我到底做錯了什麼？」。我們開始在腦海中反覆重播別人說的話，開始信以為真。

這會讓某人終生習慣性地懷疑自己、質疑各種事物，以及害怕別人可能對自己說的話。這些飽受自我懷疑之苦的人們仍然與自己調和，不過他們已經感覺不到真正的自己，也就是跟真實本性失去連結。他們因為太過讓權給他人而封閉了真實自我，他們開始對這些有關自己的模糊和錯誤看法信以為真，一路走來，他們對自己產生的假象與他們的真實自我之間存在著差異和分歧。

那些明確認識自己的調和狀態以及真實自我的人則不會在乎別人的評價。他們擁有十分嚴謹的界線，能夠聳聳肩、不把這些話往心裡放。他們的調和反應——也就是對真實自我的意識——十分明確，而且也擁有很強的復原力和協調能力。由於內在界線始終非常強大，他們得以和真實自我保持一致。

總的來說，培養和保持明確的自我調和——意即你該如何體驗及解讀日常生活中的所有人際互動——正是HEAL療程的目標之一。

辨別力

當你還小的時候，你會運用辨別力（discernment）來明確指出自己不喜歡的東西或不想做的事。你的洞察力，又可以說是你對該項事物的看法，是非常清楚明白的。但是長久下來，其他的人事物會對你造成影響、干擾你辨別自己喜歡或不喜歡哪些東西的能力，使得你對自我的意識變得模糊。你會從疼愛和信任他人的角度出發，開始賦予他們力量來決定你對自己的價值和認同感。

辨別力是決定自己要小心行事還是衝動反應的關鍵所在。學會辨別你的自我意識是如何不同於別人對你的看法，正是HEAL療程中重要的一環。

你在各個章節中所進行的練習，將有助於讓你學會自我辨別的藝術。從內心深處知道自己可以與哪些人保持協調一致，與哪些人又沒有辦法，這是該療程的目標之一。學會擁有清晰的辨別力，是你可以和真實自我保持一致的關鍵。

HEAL療程還能幫助你辨別對自己的真實感受。你將了解你對自我的看法究竟是源自他人，還是來自你對人生大事的解讀。

辨別的這門藝術將幫助你培養置身於外、客觀分析的能力，讓你看見自己並非天生就帶有自己不好或不如別人的看法，並且找出這樣的觀點究竟是從何而來。

練習：自我辨別力

請花點時間利用以下問題來判斷你的自我辨別力。如果需要更多提示，可以參考導言當中的自我反省問題。針對以下適用於你的問題，請在筆記本上進行回答：

- 是什麼阻礙你對自己產生真實、清晰的自我認知？
- 你是如何妨礙自己的人生？
- 你對自己有哪些消極看法？這些看法是哪裡來的？
- 為什麼有些日子裡你很難知道自己被愛？
- 什麼情況或哪些人讓你有舒服的感覺？為什麼？
- 什麼情況或哪些人讓你有不舒服的感覺？為什麼？
- 為什麼大多數時候你都會讓別人影響你的選擇？
- 在你腦海中響起的是誰的聲音？
- 你會懷疑你所做的選擇或決定，然後又改變初衷。你覺得為什麼會這樣？
- 你有多常會不假思索就做出選擇？
- 你在什麼情況下會小心地進行抉擇？為什麼是這些情況而不是其他的？

練習：自我辨別力

- 你在生活中與什麼人在一起的時候，會很難知道他的話說完，輪到你了？
- 你所背負的感覺或想法當中，有哪些是從別人那裡得來的？
- 你是從誰、從哪裡或是如何得到你不如別人的想法的？

檢視自己的答案，你看到了什麼樣的主題？是否有狀況或人名是你列出兩次以上的？關於自我辨別的能力，你發現了哪些訊息？

如果你只回答了其中幾個問題，那麼你可能和自己有很緊密的連結、非常了解自己，而且會做出正確的選擇。如果你的回答長達一、兩頁，還寫下許多相同的人名和情況，那麼你就必須仰賴你的辨別力來得到腦中的清明。如果你的生活失調、問題不斷，那麼你可能需要針對自己辨別情況和他人的能力，好好再下更多功夫。

你擁有辨別的能力，只不過你把自己的力量拱手讓給別人，好讓他們喜歡你或愛你。由於沒有設下適當的界線，你讓他們的需求變得比自己的還重要。

辨別力事關我們心中的清明，而非迷惑不解。如果你對自己為什麼、何時以及如何思考或感受某事的這些方面感到困惑，那麼請繼續閱讀下去。HEAL療程的每個步驟都將幫助你對真實自我形成清晰的想法及明確的連結。

將創傷解凍

就如同你在前面所讀到的，療癒和擁抱真實生活，目的就是要培養並讚賞你的真實本性、復原力、自我調和的能力和識別力。雖然這些都是療癒過程中很重要的方向，但它們還要協助完成一個更深層的目標：把凍結在時光中，你心中那個年輕的、情感受創的一部分給療癒，這樣它就可以融入負責任的成人自我，讓你不會受到情感上的拘束。療癒這個凍結的部分，使其不會繼續浮出並做出錯誤的決定，對你的整體療癒來說至關重要。

正如在第一章中所學到的，它是你在情感發展過程中受創的部分，深深陷入並凍結在過往歲月中。這個部分的自己永遠在尋找跟最初受創事件感覺相似的情況，而由此產生的受創反應模式會不斷重複出現，直到你承認它的存在並進行治療。一旦它被療癒，將這段記憶保存起來的心中那一塊就不會再度被觸發，而你也不會一而再、再而三地重複同樣的模式。換句話說，你將會與你的真實自我建立清晰且明確的連結。

界線

設立界線有助於我們在人際關係當中具有安全感。你在第四章將會了解沒有設下界線會如何讓你無法擺脫創傷，而在第六章中，你會學習如何建立實用的界線。但就目前而言，你需要知道界線是你對某個狀況的直覺反應。界線是來自於你心中能夠立即知道自己喜歡某事與否的那個部分。

當我們和自己的界線有著密切關係時，我們便知道清楚我們可以照顧好自己。**內在界線**（internal boundaries）是我們對自己的承諾和協議，用以決定哪些事可以或不可以接受。**外在界線**（external boundaries）則是我們對他人的表態或行動，藉此來確立哪些東西是我們想要或不想要的。就受創的內在小孩而言，年輕自我必須知道負責任的成人自我會現身保護它，還會設下強大的界線，才不會讓內在小孩再度迷失及受傷。內心受創的那個部分會看看負責任的成人自我是否會在失常或混亂的狀況下設好界線。

人們可以藉由許多方式來自行建立界線系統，而大多數人也都有一些他們會使用的界線，再者如果童年家中有良好的界線榜樣時，那麼他們在成年後的人際關係中或許也會很成功地設下界線。但是那些沒有良線榜樣的人，往往會有不一致、破碎或不存在的界線。當一個人缺乏良好的內在及外在界線系統時，在人際關係中的安全感也會消失。

許多人小時候並沒有強大的界線系統，甚至不知道自己可以設立界線。心中的受創部分就只知道要保護自己，因用使用受創工具來試圖自我防禦，而不是利用適當的界線來進行防護。這個受創部分會一直持續介入、站在成人自我面前，直到負責任的成人自我建立明確的界線為止。

我們可以利用界線在與他人相處時建立個人、實體、親密、情感和精神等方面的安全感。我們在面對充滿挑戰或威脅的狀況下，能夠設下良好的界線，可以使自己保有自我意識。擁有界線意味著當我們說「不」的時候，我們的本意就是如此，同時還代表我們與真實自我之間有著明確的連結，我們才能知道自己對某事的感受。

在混亂失調的環境中長大的孩子，無法學會如何設立良好界線，而且存在於家中的界線通常也不會被強制遵守。我學會了一直要把別人擺在第一位、要重視他人的需求勝過自己。我還不斷壓抑自己的情緒，內心的感受要強烈到一發不可收拾時才會奮力抵抗，而且即便當我說「不」、大吼大叫或猛發脾氣時，我也不知道該如何保持良好的界線。我在家中的界線沒有被明確界定，我也從不明白自己應該對什麼情況負責、我的爸媽又應該承擔什麼。由於這樣的模稜兩可或是糾結不清，我最後才產生家中出現混亂的責任應該由我一肩扛起的想法。

實用界線系統是能與HEAL療程共同運作的黏著劑。你將學會建立良好的界線究竟需要哪些步驟，如此一來，你受創的部分就知道它們毋須隨時保持警惕。你也會知道自己不必背負他人的創傷，以及自己何時該喊停，讓他人接手。只要學會設立界線，你不僅可以順利度過負面遭遇，也可以在人生中成長茁壯。

融合

在療癒及擁抱真實生活過程當中最終也是最重要的目標，就是要替心中的所有受創部分建立互助及鼓勵的良好基礎，以便讓它們融入你負責任的成人自我。藉由自我反省，這樣的融合過程能夠將你那些受困、凍結並陷在過往的所有部分整合在一起。

憑藉著鼓勵負責任的成人自我挺身而出、設立強大的內在和外在界線，你的創傷就不會感覺曝露在外、沒有癒合。經過拓展的意識會讓你看到各種衝動和破壞的模式，使你有能力改變對不同情況所做出的反應。當你痊癒時，這個受創部分不會再被觸發，也會變得圓滑許多。你對過去發生的事情仍保有記憶，但其周圍不會存在那麼多激烈的情緒能量。

隨著受創部位的癒合，它不會再度感到孤立、沉睡，也不會一直等待著下一次的觸發。你的內在會變得成熟，以便和負責任的成人自我融為一體。

故事：安雅，一個勇敢的小女孩

安雅今年三十二歲，是一位成就亮眼、就職於專業領域的女士。她的父母是第一代美國人，兩人在十幾歲時分別移民到美國，在當地相識、相愛、踏入職場並育有兩個女兒——安雅和她的妹妹琪亞拉。從外界看來，這個家庭似乎正在實現美國夢，但家中卻一點也不幸福。安雅爸媽兩人工作的班別是錯開的，因此兩個孩子經常往來於大樓裡的年長親戚和不熟悉的鄰居之間，給他們照顧。在九歲那年，安雅的媽媽告訴她，在爸爸回家之前她要當起家中的大人，負責照顧六歲的琪亞拉，所以她就變成了「小小媽咪」。她媽媽還告訴她，她必須確保爸爸回家後不會喝酒，因為她母親上的是晚班，而父親卻是上日班。安雅必須把晚餐端上桌、確定琪亞拉寫完作業，然後藏起酒瓶或是讓她爸分心好讓他不要喝太多，這樣媽媽回家後，才不會因為爸爸喝得酩酊大醉而對安雅發脾氣。對一個小孩來說，這樣的責任實在太重了。

從安雅的故事可以清楚看出，她蒙受了許多核心創傷。和她聊得越深入，以及她在童年時間軸所下的功夫越大，她可以記起的東西就越多。這樣的療程給了她的九歲自我一個安全的避風港，讓她可以發洩對這些狀況的感受，以及那些她家人所聽不到的感覺。她開始與年輕時受創自我的感受建立連結，並且看到相同的感覺如何在她的成年生活裡持續湧現。她說，這彷彿就像是拉開厚重的窗簾，讓她首度能清楚看見自己早年所遭受的情感掙扎。

安雅開始發現，母親竟在她這麼小的時候就給她施加如此大的壓力。當時的她被迫認為這種程度的責任並不奇怪、也不會不尋常，她的父母也不會讓她有機會抱怨或對此有任何感受，因為他們需要她「出一份力」來維持這個家庭的運作。安雅的爸媽仰賴一個孩子來做大人的活，因此她為了生存下去，不得不把年幼時的玩耍、做夢和自由自在的感覺擱到一旁。她無法繼續當個小孩，每日工作和職責超出了她的能力範圍，還必須應付父親的酗酒問題並對其負責。從共同依賴的角度來看，她成了照顧他人、處理問題、掌控事物的那個人，並且變得無欲無求、高度將重心擺在他人身上。不幸的是，她付出再多努力都不夠。她沒辦法改善任何事，一直在打一場贏不了的仗。

她的父母並不承認安雅面對的任何問題，使她多年下來在心中累積了各種憤恨。如今安雅已是個結婚生子的成年人，卻不知該如何處理心中的這種挫敗感，因為那是源自一個她無法回到過去並修復的狀況。即使在成年生活中，安雅也發現她媽媽仍持續要她扮演照顧別人的角色。母親投射在她身上的想法是，如果她為自己做任何事，她就應該感到內疚。安雅深愛她的雙親，因此仍努力想幫助他們，不過她卻感到絕望、不知所措，認為這樣的循環沒有結束的一天。

她最終醒悟，她童年時期最明顯關鍵的一種情緒感受就是沒有受到別人感激。如果她的父母承認也感謝她小時候所背負的重責大任，那麼那個小女孩可能就會得到認同，不過他們卻汲汲於自己的生活當中，沒有意識到要一個小女孩承擔大人的責任是多麼難以做到的一件事。

作為HEAL療程當中的一個環節，安雅會寫療癒信（healing letters）給年輕的自己。她說這個練習讓她如釋重負，因為她終於承認並認同她所做的一切努力。她常常為心中的小女孩落淚，因為她終於允許自己正視小時候被要求做的事竟有多麼荒謬艱鉅，也允許自己檢視她所承受的情感重擔。小時候的她必須快速成長、發展她的認知技能以便策略性地進行計畫和執行工作，完全沒有任何餘裕來表達自己的感受。

正如同安雅的案例，情感往往被壓抑在內心深處。處於如此環境下的孩子們知道他們的感受對自己沒有多大用處，只會讓事情更糟。這些小孩長大後非常善於分析，也十分理智、幾乎不帶任何情感似的，因為他們必須使用所有腦力來想辦法度過複雜狀況，以便內在可以存活下去。

那些善於分析、過度依賴自身智慧，並且壓抑情緒的人，可能小時候就知道這樣做比擁抱自己的感受好。

如今安雅所從事的是一份極需要分析能力的工作。她非常會解讀他人，知道某人今天過得好還是不好，此外，她也知道該如何調適自己以順應別人的心情。這些都是她從孩提時代帶入成年生活中的受創情緒反應工具。這些技能確實在某些方面對她有所幫助，不過總是心甘情願照顧他人這點卻可能分散她的注意力，因為她時常因照料他人而忽略自己的需求。

對安雅來說，凡事都要井然有序、盡在掌控之中、不能有任何差池，這些事情非常重要。畢竟她在很小的時候就知道她必須掌握家中的一切，否則媽媽會生她的氣。然而隨著年齡增長，由於母親對她抱有不切實際的期望，安雅也因而對她產生敵意，然後時常把這股怒氣發洩在她老公身上。

在接受有助於了解自我的療程之後，安雅負責任的成人自我開始明白，年幼的受創部分是在什麼時候遭到觸發，並且衝動地試圖控制及「倖存於」一切。她負責任的成人自我則是感到難過，因為這些衝動反應都是源自於她小時候經歷的所有痛苦和情感問題。這也導致她的治療幾乎都集中在撫慰及關懷那位內心受創的小女孩，因為小女孩必須費勁苦功才能讓自己複雜的家庭盡可能地正常運作。

在善良和同情心上，因為她受傷的小女孩自己一肩扛起各種苦差事，才能使她複雜的家庭盡可能如常運作。

隨著安雅花時間在處理她的受創時間軸上，她寫給自己的信，以及她對她先生和母親的自我意識與關係都變得緩和許多。她得以擺脫過去幾十年來所一直使用的倖存／控制模式，並且能夠更加放鬆和享受生活。她還學會為自己和週遭的人設下界線。

安雅意識到自己正在漸漸拓展和轉變，但也明白她母親的行為仍舊沒有改變，而不同之處就在於她不再按照媽媽的所有要求去行事。現在當她母親以高姿態數落她或忽視她的問題時，她會用言語來表達她的感受。她心中的小女孩找到了自己的聲音，而她的成人自我則懂得用言語來建立與母親之間的界線。

如今安雅負責任的成人自我會提醒受創的小女孩自我，過往的童年事件不會再度發生。她會提醒年輕的自我她是安全的、她可以對週遭人劃定界線、她目前在情感上都比以往任何時候更安全，以及她有一個深深愛著小孩和自己的丈夫。

在你接受HEAL療程，療癒受創的內在小孩的同時，你會發現四周沒有人像你一樣正在進行改變，因為我們無法改變和控制他人。然而，你本人和你的人際關係卻將從內而外地進行轉變、全面拓展。

我們必須學會把那些童年時期沒有得到的東西，給予成年的自己。

第3章
迷惘的內在小孩

一旦小男孩得到療癒，男人就會挺身而出。

——東尼．羅賓斯（Tony Robbins，知名演說家）

許多人並不知道自己有個迷惘的內在小孩會主導成年生活中的許多決定，卻要負責任的成人自我來收拾爛攤子。他們每天機械式地過日子、依衝動做出反應、放聲大吼大叫、自我退縮且生著悶氣，或是因為害怕有情感上的連結而與他人保持距離。

他們心中有部分就像小時候那樣，感到受傷及困惑、被人虐待羞辱或忽視，不過看上去和講起話來都像個成年人。他們沒有意識到自己有部分其實是失落、受困在情緒中而被凍結的。許多人都害怕審視自己的內心，因為他們心知肚明，隱隱然有些強而有力的東西潛伏在陰影之中，背負著那些他們想要避而不碰的所有感受。

迷惘的內在小孩是你內心被凍結在時光中的一部分。

所謂的「迷惘」，從某種意義上來說，是因為你可能完全不會察覺這個部分爾後想與你溝通的各種明顯跡象。即便這是你的一部分，它也會因為沒有跟著其他情感面向一起長大而顯得不知所措。

我接下來會述說我的故事，好讓你明白內在小孩是如何變得迷惘、受困、亟欲想和人溝通，以及最終如何重新被找到並得到療癒。

我自身的故事

我出生於一九六一年肯塔基州的路易維爾市。一九六〇年代在上南方諸州長大是段美好的時光，我會在漫長炎熱的酷暑當中躲進大自然的懷抱，回家時口袋裝滿了石頭，有時甚至還有青蛙。那是個屬於噴射機的時代，汽車上裝有尾翼、物品則點綴跟太空探索有關的各種火箭形狀和軌道圖案的裝飾。

那個年代充滿了樂觀與希望，不過也有很多種族上的騷亂和抗議。黑白電視所播放的晚間新聞陳述著各種越戰中扭曲變態的殘殺，而我則是坐在編織地毯上，滿心恐懼、困惑、憂傷地看著。我清楚記得在我五六歲的時候，爸爸問我是否願意去打仗。雖然拿這個問題來問一個小孩相當荒謬，不過我還是百分之百肯定地說不，而事後回想起來，這是我童年之中第一次有意識地表達出堅定的界線。

我出身自一個大家族，與許多親戚都相當親近，不過還是有一些很少見到的表親，以至於我搞不太清楚哪個棕色頭髮的孩子是我家哪邊的親戚，更別提他們叫什麼名字。我學到了南方有南方的規矩，還有得體的禮貌和舉止，社會上則有渴望過著富裕生活的上流社會，以及占了大多數、只求湊合度日的芸芸大眾。

我有幸能夠在一個充滿關愛的完整家庭中長大，母親在家照顧我和我妹，父親則是在一家公司辛勤效力了四十多年，替這個中產家庭提供舒適的生活。當我開始上高中時，媽媽也回到了嫁給我爸之前服務的那間公司工作。我的雙親現在都在績效優良的公司工作，讓他們得以有歸屬和認同感，也可以兼顧為人父母的責任和自己的健康。

我深知父母打造了一個能夠愛我、照顧我的環境，而如此深厚的根基也幫助我培養了韌性和無私無悔的愛。即便他們的人生日益變得複雜，爸媽仍盡全力來撫養我和妹妹，然而日益龐大的壓力卻導致父親咆哮及酗酒的行為，我母親則因身體毛病而情緒起伏不定，但她卻縱容我爸選擇暴怒這種不良的行為，還在他發作時隨之起舞。

由於他們的這種互動關係，我學會了**共同依賴**（codependent）的技能，雖然我把它稱為技巧，但其實這是一種特定類別的行為，用來使人適應高壓或失常的情況。

這段時間學到的共同依賴技能，是我放進個人工具箱的第一批受創工具，而隨著我試圖搞清楚如何在情感方面應對我的家人，這些情緒反應工具一開始對我也有很大的幫助。另一方面，我也身在一個發展**虛假自我**（false self）的過程中，這個部分的自己則有別於真實自我。當時的我正在學習如何無視自身需求並壓抑心中感受，而從六歲左右開始，為了幫我爸媽減輕壓力，好讓他們不要吵架，那個小男孩的自我便心想：「我會完美地做到他們要求我的一切，然後他們就不會大吼大叫和吵得不可開交，爸爸也不會喝酒和暴怒。」

這是酗酒者的孩子替父母行為承擔負責的典型案例，當時我自以為可以藉由改變自己來控制父母的處境。我是年紀最長的孩子，身處在一個因酒精而引爆高漲情緒的家庭裡，我具備了該有的一切特質——因為爸爸的緣故，我學會對盛怒的人心生畏懼；我藉由過度補償來博取他人的認可，主要對象是我媽；另外我對整個家庭抱有令人難以承受的責任感。我強烈地感受到了屋子裡的一切激烈情緒，也因為我不知該如何處理這些感覺，只好將它們埋入心底。家裡有時充滿了電流般的緊張情緒和一閃而過的驟怒，並在我心中化身為各種令人擔憂的想法和悲傷，然而令人困惑的是，截然相反的狀況又會發生，我們也會體驗到滿足甚至喜悅的各種時光。

妹妹在我七歲時出生了，不過我卻非常習慣當個獨子，以至於她出現後我會感到困惑和受傷，但到頭來也幸好有她，使我不再覺得孤獨。如今我們有兩個人了，所以我也開始呵護、照顧她。

約莫六歲到十一歲左右這段童年時期，我變得非常惶恐不安，甚至會回到自己房間趴在床上哭。我很努力掩飾著自己爆發的情緒，因為我認為自己不該把情感表現出來，畢竟我重視的是父母的情緒，所以不想讓他們生我的氣。我是個相當迷惘的小男孩，爸媽有時會走進我的房間、坐在我的床邊，然後輕聲問我怎麼了。我能聽出來和感受到他們的真誠和擔憂，不過他們卻不知該怎麼做才能讓我好過一些。

他們的關懷令我欣慰，但我卻無法明確表達內心感受，儘管我確實記得曾經拜託媽媽、希望她不要和爸爸吵架。他們的吼叫聲徹底把我嚇壞了，甚至覺得整棟房子都會因為他們的激烈爭吵而炸開來，還是那只是因為我內心的激烈感受？他們雖然看到我在受苦，卻看不到自己在我的困惑及苦痛之中所扮演的角色。他們看不到那種原本一切相安無事，情況卻突然急轉直下，爸爸幾杯黃湯下肚、媽媽便緊咬嘴唇，準備整晚不得安寧的反覆循環。而我就在那裡，和他們倆在一起，深深屏住呼吸、胃部感到緊繃不適。

當時的我為了應對這一切而使用了好幾種受創情緒反應工具，包括當一個照顧者、和事佬，縱容者，以及避免衝突的人。我覺得自己沒有需求，而且會封閉自己，情緒上變得退縮，試圖當個隱形人。我還會練習解讀他人、試著掌控局面、劃分自身情緒，並且把這種情緒藏在心裡，導致腸胃不適。我試著利用我所培養的受創工具來改善所有問題，我試著變成那個可以拯救全家的英雄人物。為了能夠安度這種激烈的狀況，我學會將各種情緒區隔開來，並且將內在的那個人劃分成好幾個不同自我以作為因應之道。我試圖從這些極度混亂的感受當中理出一個頭緒，因此年幼時就發展出這種劃分工具來面對家中的激烈情緒。由於我緊閉心門、不願談論我的感受，所以時常陷入憂鬱和悲傷的狀態。外表上我想讓別人看到一切安好，但內心卻感到空虛、無助又孤獨。

我試圖成為那個我認為是我父母所期望我變成的人，所以我會觀察他們的神色和走路方式、聽他們說話的音調，透過這些來判斷今天是否是個好日子。我還會注意他們的臉部表情，好決定我該如何改變自己來幫助他們。我是不是該到他們身邊、跟他們說說我今天過得如何？現在是問問題的好時機嗎？我到底是要安靜地讀書或看電視，還是應該走出家門到溪邊玩耍？我變成了解讀他人的專家，而這個工具也放進了我的情感工具箱。

躲進大自然裡是自我撫慰、回歸真我的完美方法。我會帶著我的火柴盒小汽車和玩具士兵到樹林裡的小溪邊。我正在盡力應對所有問題，而孤獨自處有其恢復療效，這正是對家中壓力的一種緩解。

這種退縮和孤立是孩子受到創傷壓力的跡象，也變成了我的兩大應對技巧。隨著年齡增長，它們後來發展成孤獨退縮和不願說出真實感受的受傷情緒反應工具。在此同時，我還培養出自我檢討、到大自然中冥想，以及四處探索的習慣，這些都成為和真實自我重新連結的方法，也成了我的實用情緒反應工具。

我跟朋友或其他孩子沒有什麼不同——我只知道自己的這個世界而已。我試圖理清我混亂的家庭生活，解決之道就是改變自己去適應當前的情況。我越是期望自己應該可以把狀況處理得更好，但是當事情行不通時，我就會更加覺得自己哪裡有問題。我以為自己能搞懂我爸媽為什麼要吵架，我也認為自己可以改善情況並控制他們的情緒，然而當他們爭吵時，我卻做得不夠好。我覺得自己的任務失敗了；我猜我一定是哪裡做錯了；我認為自己滿是缺陷。

我對自己所培養出來的敘事角度就是：我不如別人。我不但接受這種關於自己的假象，還進一步讓它成真。對於自己的誤解，讓我封閉了真實自我。我不覺得我能夠做自己；我必須為他人付出，而不是為我自己，因為我不配。

在我和妹妹長大的過程中，大多數的日子都相當平凡無聊——父母都去上班，所以放學後我都一人走回家，不過當妹妹大一點時，我們就會一起回家。我會照顧她，一起寫作業，然後晚上在客廳裡看電視。到了週末，爸爸會把小船放在車子後面的拖車，媽媽則是準備好食物和飲料保冷箱，然後我們就駕車到湖邊或河邊，在那裡與朋友開心地玩上一整天。我們回家時都渾身溼透、累得像狗一樣，接著心滿意足地進入夢鄉。

我是個心思極為細膩敏感的孩子，所以即便我們都處於這樣的家庭常態之中，我還是學會要注意事態即將急轉直下。我可以從怡然自得的狀態，瞬間轉為高度警戒，關注著我爸媽的一舉一動。我從來都不知道事情什麼時候會發生，那種狀況爆發的隨機程度實在令人不安。

由於美好的時光會突然被吼叫和混亂打斷，小男孩的腦袋和心臟因而開始短路。為了適應我的家庭和這樣子的環境，我一邊壓抑著很大部分的自己，一邊學會創造一個虛假自我，然後賦予它更多的力量和能量，而這個叫做「巴比」的完美自我甚至相信它可以控制並改變大人的行為和情緒。我身處在**神奇思維**（magical thinking）的狀態中，認為自己可以掌握全家，隨時都可以讓家人快樂——或至少能夠風平浪靜。

母親也試圖用縱容的方式讓家中平靜、讓我們在情感上安全。我慢慢知道如果我們沒有在父親下班回家前把屋子裡準備好，當天晚上就會不得安寧。從我有記憶以來，一直到我離家上大學的這當中，我承接了我母親作為縱容者和烈士所擁有的各種受創情緒反應包，也背負了隨這些工具而來的重擔。我可以清楚看見並感受到她的緊繃情緒，因此我也變得和她的情感糾結在一起。我不知道她的情緒止於何處，而我自己的又從哪裡開始。我只不過是個小男孩，除了有小男孩的事情要做之外，一邊要負責照顧我媽，一邊又要負責管理我爸的情緒，他才不會發脾氣對我們大吼大叫。

儘管我爸有酗酒和暴怒的毛病，但我知道他是愛我的。他不是什麼怪物也不是什麼惡人，只是有一些不知該如何有效表達的情緒（主要是沒有被診斷出來的焦慮問題）。我記得從八、九歲左右開始，當我坐在客廳看電視、聽到車庫門打開的時候，心裡就會想著：「好吧，今晚不知又會有什麼狀況？」

我的胃會緊繃起來，我還會聽他的腳步聲是輕是重，然後看著他走進客廳，觀察他的表情，看他的狀況怎樣。「他看起來不高興嗎？他是不是板著一張臉？他的眉毛是揚起還是垂著的？我今天有沒有做錯事？還是，等等，他看起來是不是很放鬆？」我的情緒相當複雜，因為一方面我很高興見到他，但另一方面，我總是不知道當晚回家的是哪一個版本的爸爸。

在發完脾氣，酒醒過後，可以想見的，爸爸會試圖補償他的過錯、彌補和我們的關係。他會向我示範該如何打造物品、帶我們去全國各地旅行，並且為我打造更加豐富的生活質感，是許多我的朋友比也比不上的。他犧牲了自己的時間、金錢和精力，替我和妹妹建立了一個多元發展的童年。他是一個有著複雜情緒和內心苦痛的人，但他不知道如何有效地將它們表達出來，因此我必須培養一套類似於媽媽的情緒反應工具，這樣我才能找得到自己的定位，與他相伴。

等到我長大成人後，媽媽會告訴她的朋友：「我們對巴比從來都沒有怨言，他總是會按照我們的要求去做。」對啊，巴比當然都會做到，因為那是巴比「該做的事」。我一肩扛起做對所有事情的責任。對一個小孩來說那何等的壓力啊！我清楚記得十歲時發生的一件事。

父母在廚房裡吵架，我和妹妹則是坐在客廳的沙發上，分別坐在自己習慣的那一側。我們聽到他們在廚房裡爭執，但我們繼續看著電視，好像一切安好的樣子，因為那是互相依賴的孩子會做的事——我們會裝沒事。他們此起彼落的吼叫聲比以往都來得響亮，連電視機都相形見絀。

我變得極度緊張和不知所措，甚至想蜷縮成一團、埋進沙發裡，這樣才能逃避一切。隨著他們的吼叫聲越演越烈，我挪到妹妹身旁，好在她和他們之間形成某種緩衝。我想要保護她，使她不會受到那些強烈情緒和怒氣爆發的影響，但事態卻持續加劇，他們變得更大聲、更激烈，越罵越難聽。我必須把她從那裡救出，我必須保護我妹，因此我鼓起所有勇氣，拉著她的手帶她回去她的房間，然後用力地甩上身後的門。我們默默坐在床邊，然後我緊緊抱住她。隨著爸媽持續爭吵，我們兩人一句話也沒說，但突然之間一切都安靜下來，接著腳步聲響起。

我害怕極了，因為完美的小巴比違抗了家庭表面的和諧，我竟膽敢挺身站在盛怒和家庭失衡的高牆之前，鼓起勇氣對它說不。我不知道接下來會發生什麼事，我只知道，為了妹妹的安全著想，我必須帶她離開客廳，卻沒有考慮到自己。我遵照的是共同依賴者的典型劇本，因為我們能夠設下界線來保護另一個人，卻不見得可以為自己做同樣的事。

爸爸滿臉通紅地打開了房門，看到我抱著妹妹，接著要我們立刻回客廳去。他想要我們繼續演出平日的和諧，不過那裡是我最不想去的地方。在那段時間放彷彿暫停的清明時刻，我竟然一點都不感到害怕。那是我有生以來首次真心覺得充滿勇氣，我往自己的內心深處探索，找到了我的真實本性、復原力以及決心。我拒絕了他，接著他卻伸出手來，抓住我和妹妹的手臂，把我們拖出去坐在沙發上。他希望一切都能恢復「正常」。

我不知道他的腦袋在想什麼，但我敢肯定他心中有某個部分早就意識到自己失控的怒氣會做出什麼樣的事來，不過我已經受夠了，而且我還鼓起偌大的勇氣來試圖打破和中斷這種家庭循環。

基本上我的行為就是在宣告：這種情況不能再發生了。他們的爭吵已經讓我厭煩至極，難以承受，再者我也不想讓妹妹經歷我生命前十年所碰到的事，更不想因為我父母的失序而讓她受到創傷。我心裡想著：「我已經被迫跟你們倆共譜這段失常的家庭戲碼，你們不可以再把她捲進來。」我知道我不能和父母吵架或爭論，但我可以用雙腳來表達我的感受，並且保護我的妹妹。我記得那個場景裡的所有細節——時間、光線、家具、每個人站或坐的地方，這也是為什麼這件事會成為我內心較為痛苦的回憶之一。

我想在此處稍微中斷一下，解釋大腦在受到精神創傷的當下和之後會發生什麼事。當遭受心理創傷時，我們的大腦會記錄一切，因此這類事件若再度發生的話，我們就會知道有些哪些警訊，好讓自己避往安全之處。這是一種原始的生存反應，發生在大腦深處的杏仁核和海馬體之中。

杏仁核在創傷事件發生時會充當大腦的指揮中心，根據傳入的資訊來評估下一步該採取的行動。它會通過中樞神經系統與身體的其他部分溝通，為我們提供戰鬥、逃避或凍結自己的能量。在正常情況下，海馬體會為生活中所發生的一切事件標註上時間戳記，包括開始、中途以及結束的時候。然而在創傷事件發生時，海馬體會受到抑制，創傷記憶不會像其他記憶那樣被儲存起來。這就是為什麼當我們被某事觸發而想起很久之前發生的創傷事件時，我們會因回憶重現而再一次經歷該事件，這是因為大腦有某些部分不知道那段創傷往事早已結束了。這也是為什麼某些記憶會一再重現的原因。

當我快要步入青春期的時候，我知道要保護自己不受到父母關係的影響，然而我什麼實用的工具都沒有。偶爾會有突然意識到自己必須設立界線並充滿力量的時刻，但多數時候我還是會回頭用起我年幼時所創建的受創衝動工具。

在我十幾歲時，媽媽因為某些原因而開始動手術。她會教我該把哪些東西拿出來煮，以及該如何把食材組合在一起。我以前總是會盡力把事情做好，但這次的狀況不同，因為我從來沒有下過廚，不過此後做飯便成為我幫助全家改善狀況的實體作為。不管有多累，我都會一一完成所有家事和作業，為家庭鞠躬盡瘁而過度勉強自己。我所培養的虛假自我還進一步惡化了這種不照顧自己的行為，因為此時我的真實自我非常封閉、模糊混亂。

我也曾想方設法，試圖改善我和爸爸的關係，不過他的暴怒和所作所為讓我相當憎恨。我恨他不能控制好自己。我不明白為什麼這個我明知道愛我、對他人友善、為我和我妹創造各種美好經歷的人，竟會對我們發狂並惡言相向。我當時正處於青春期，因此這套與他共演的混亂情緒的戲碼令我更加困惑、情緒化、不知所措和疲憊不堪。然後有一天，我內心的某個部分就此斷線了。

青少年時期的我在情感方面就像是機械般運作，我已適應了週遭環境並持續成長。儘管身高和年齡數字逐漸增加，但我卻覺得內心沒有任何成長，我依舊像是個受了傷又不知所措的小男孩。當爸爸發脾氣或是媽媽在傷心的時候，我的反應仍然沒變。我吸收進去的所有情緒在我內心留下了戰鬥過的傷疤，我有我的劇本，而且我也知道未來會怎麼發展。我在情感上傷痕累累，也不懂得設下界線，還不得不放棄自我來幫助他人、為別人而存在。在我功能失調的家庭中，我仍然在扮演那個全職英雄的角色。

我從青少年起就知道自己想要從事助人的行業，基於我年幼就接受過的訓練，這點似乎也很自然。我在讀大學的第一年時，曾到一間私立的精神病院當勤務人員，這段經歷也將我的照顧、解救和處理問題的技能提升到了一個全新的高度。在醫院工作是我自己對步入心理健康領域所採取的沉浸式訓練。當時是一九八〇年，因此可以想像一下那種醫療院所當中穿的白襯衫、白鞋和白腰帶，活脫是出自經典電影《飛越杜鵑窩》（*One Flew Over the Cuckoo's Nest*）那樣。

我被分配到男性的重症監護病房工作，此處是病況最為嚴重的病患——名副其實是發了瘋及大吵大鬧者——首先被收治的地方。我身在一個獨特的有利位置，可以看到嚴重的精神病患像行屍走肉般四處走動、服藥服到神智不清、拖著腳步走路，或是眼神呆滯地瞧著正前方。

在當時，針對精神保健的新式藥物才剛慢慢導入，但在多數情況下，只有少數的治療方式和抗精神病藥物可以用來幫助患者緩解症狀。這些效用廣泛、使腦部呆滯的藥物在患者身上產生了如殭屍般的反應，但當我看到這些大塊頭的傢伙發瘋的情景時，我卻很感激有這些藥物存在。對於「終身病患」來說——意指那些年幼就被收治、精神甫染疾病便已猛烈發作、大半輩子都待在病院的患者——這是一個有精神病院能夠長期照護缺乏自理能力者的年代。我會帶領病人去接受電擊療法（如今稱為電痙攣療法或電療）、在精神醫師執行療程時待在房裡，然後護送他們回去自己的房間。

儘管我有受過訓練，也充分了解安全規章，但沒有多少東西可以讓一個瘦弱的十八歲孩子做好準備，要這個孩子去對付一個病發之際有著瘋狂眼神、在你與其他勤務員想用皮帶將他綁在床上時、甚至想殺了你的魁梧巨漢。在他們精神產生幻覺、整個人發狂的時候，我年幼時對於劃分情感以及壓抑情緒的訓練，竟幫助我從頭到尾都能保持冷靜。多虧了爸爸的暴怒以及媽媽不展現任何情緒的補償性做法，我到醫院打卡上班時有一整箱的情緒反應工具可用。

我爸媽相當納悶為什麼我想去「山丘上的瘋人院」工作。除了對心理學感興趣之外，我完全不知如何解釋，不過我現在卻意識到，我對這些情感受創的人們不但非常憐憫，還感同身受。我想要透過研究心理學來搞懂自己，我也認為我能夠理解這些患者內在的苦痛。我正在成熟邁入一個能夠感受自己力量、腳踏實地的世界當中，但我也深知被人傷害、被情緒淹沒的受創感覺。我可以控制自己的情緒，因此我能夠在精神病患發作期間和他們坐在一起。從某種程度看來，他們跟我同病相憐。在一所當地大學念了兩年之後，我離開家鄉前往芝加哥洛約拉大學就讀。我和妹妹的境遇在這個時間點已全然改變，年屆雙十的我已經擺脫了這齣鬧劇，但是妹妹卻在我離開時被送上了前線。我不再是我父母和我妹之間的緩衝，我也無法分身到那裡解讀每個人的情緒、居中調停，努力讓一切好轉。這些是我為了讓全家盡可能正常運作所發展出來的技能，因此，當我帶著這套獨特的共同依賴受創工具離開時，妹妹只能留下來獨自與他們共處，而且還必須開發一套屬於她自己的技巧。

她在高中也碰到了因我們父母而起的斷線時刻。在家裡應付完他們的爭吵和所有壓力之後，她在開車上學的路上哭得如此厲害，甚至還不得不先把車停在路邊。有時她還因為過於傷心而無法去學校，不過媽媽從不曾質問過她，只是打電話幫她請病假。

母親所受的創傷使她無法看到妹妹的苦痛，因為她自己也痛苦萬分。妹妹甚至不覺得自己在他們的關注範圍內，因為他們太沉浸在自己的劇碼中，以至於沒有人有興致去深入了解當前發生的事。他們愛她，卻完全看不見她發生了什麼事，不過後來她終於和父母和解，原諒了他們、原諒了自己。

在獲得心理學學位後，我搬回了芝加哥，不但在各個領域從業，也進行過許多治療方面的工作，最終我回到了研究院並取得了碩士學位和專業執照。但即便在我進行這些教育研究和個人工作時，心中理想化的完美自我和真實自我之間仍舊存在著衝突。我不知道自己和真實自我之間到底有多麼脫節。

我在芝加哥過著嶄新又令人興奮的生活，即便一切看似正常，但我心中仍感到失調。我做的都是實際且正常成年人會做的活動，例如工作、維護公寓以及繳汽車貸款，但我卻不斷感受到過去二十多年來因吸收和儲存他人情緒所帶來的各種裂痕和傷口。在學習成為一個有功用的成年人的各個歷程之間，我的受創自我總是不斷現身，做出許多衝動的決定。

此時我正值二十多歲，已經準備好要打破我有一個理想童年的假象，因此我展開了一段讓我內外在都成熟長大的療程。對於自己老是覺得不如他人、心中感到困惑，以及擁有無法令我感到充實的人際關係，我已經受夠了。我知道自己哪裡不對勁，但我不知道問題出在哪，而且我的工具箱裡肯定也沒有任何工具可以修復它。我的治療師協助我探索心中的成人自我，讓我知道我是如何學會對自己的人生經歷進行補償和適應的。我開始明白，自己是怎麼將所有孩童時的受創和情緒反應工具帶入成年生活之中。正是透過這樣的療程，我開始與心中的小男孩重新建立連結。

我第一次進行內在小孩的療程時，感覺就好比從架上取出布滿灰塵的相簿，然後翻閱一段相當熟悉的故事。儘管我是透過成年人的眼光、以更客觀的角度來觀看，我還是感受到過往歲月的種種情緒不斷湧現。隨著逐漸回想起這些記憶，我開始看見內心那個小男孩雖然面帶微笑，心中卻十分迷惘、害怕、不開心、生氣、對自己不滿，而且孤獨。不過當我跟治療師述說自己的故事時，卻本能地保護了我的父母。我大力地稱讚他們，一點也不想對他們不忠或是有任何不敬。我不願在一個陌生人面前講他們的壞話。

我們都知道自己的父母曾做出一些糟糕的選擇，但我們通常不願對此尖酸刻薄，而是想保護他們，這樣的用意可能是要把他們高高捧起，將他們和自己的童年理想化。從某種程度來說，我們想要繼續保持這樣的假象，但我們也心知肚明，一旦從幕後窺探、知悉了童年的真實樣貌，一切就再也回不去了。

即便內心深知事實並非如此，但保持這種凡事都安然無恙的錯覺就是我們用來保護虛假自我的一種方式。

在我敘述自己的成長故事以及學會共同依賴受創技能的過程時，我的治療師突然問我小巴比感覺起來應該是幾歲。我以前從沒想過這一點，但我很輕鬆就能判定這個部分的我大概是十歲左右，因為這是家中的事情一觸即發的時候。在我的直覺中，我的十歲自我從這段時期開始就在背負集體創傷了。

我漸漸了解小巴比仍存在我的心中，當我在成年生活中被某些感覺起來混亂、吵鬧、憤怒、未知、失控、怪異、噁心、刻薄或帶有威脅的事物觸發時，小巴比就會被觸發、挺身站在前面。我的內心還是在用一個十歲男孩的眼光和感受來過活。

很顯然，我正在以這個十歲男童的情緒來應付和處理我的人生。身為一個成年人，我會感到害怕、變得封閉、想得太多、埋藏情感，以及為他人的行為和選擇來做補償。我會隱藏自己的感受、不讓任何人看到我的苦痛，也不讓任何人走進我的內心。透過這段療程，我學會了如何辨別哪些是我自己的內在痛苦，哪些又是別人的；也了解我的受創自我是以什麼方式來對不同狀況做出反應；更明白如何用心關注自己的調和、怎樣設立界線，以及如何請求我的真實自我挺身而出。

從外表看來，我希望被視作一個快樂和成功的人（當然我也做到了），因為我想跟小巴比一樣，在外人眼中是個完美無瑕的存在。然而我卻無法接納自己、從事一份不愉快的工作來做為逃避，也逃避回首自己的過去。我沒有過著真實的生活；只是躲在一個男人的身體裡，以一個世故的受創幼童的身分來過活。

我的自我認知反映在我培養的友誼當中。除了親如兄弟的孩提好友之外，我在成年之初於芝加哥結識的一些朋友，我稱他們為「受傷鳥兒」，這些人不但自戀、共同依賴、功能失調，而且大多數也是酗酒者的孩子。這些朋友反映出我心中那個共同依賴的照顧者／解救者／處理問題者的自我。他們和我一樣都是行屍走肉般的受創者，但我認為我可以幫助他們，或至少能同理他們（要記得，受傷的人會吸引彼此）。我只是在遵照酗酒者的成年子女的劇本而已。我所有的受創情緒反應技能都呈現出酗酒者的成年子女的主要特徵：自我孤立、過度負責、照顧他人、沒有任何要求，以及分外關注他人。

當我遇到堅強且真誠的人時，我很想知道他們是怎麼辦到的。他們為何這麼有自信，以及他們如何知道自己是誰？我可以感受到他們內在的力量，所以我想待在他們身邊，試著與他們建立友誼，但由於我和他們處於不同的內在維度，因此這些友誼向來無法持續太久。有點像是我想和他們相處在一起，這樣他們的一些真實本性就會感染到我身上，但同時我又不想和他們在一起，因為他們不需要我來照顧或解決問題。我不知道該如何和他們來往，因為沒有任何事是我可以幫他們做的。

小巴比不知道如何與他人相處或建立友誼，尤其是那些自信、大嗓門、粗魯、憤怒或是典型的男人。這對我心中的那個小小自我來說太可怕又太無法預料了，因為他覺得嗓門大、行為失控以及能量過多，就跟我父親那種侵略性的表達情感方式太過相似了。我也因此把攻擊性甚或堅定自信的男性行為，與讓我處在失控事態的觸發因子劃上等號。

當我逐漸治療創傷、開始尊重和愛自己並學會設立界線時，我的人際關係也得到了改善。我的外在世界開始反映出我的內在世界，在內心裡我開始覺得強大、有連結、真實、自由，而且可以做自己。由於我正在按照**真實本性**過著人生，因此我選擇讓其他可以更加活出真實自我的人進入我的生命當中。我不再為了別人而貶低自己。

當我療癒之後，我的人際關係也獲得痊癒。我學會如何把我年幼的受創部分融入我正常運作的成人自我。我開始使用從父母和其他人那裡學到的實用反應工具，像是允許自己做夢、創造我人生中想要的東西，以及對他人和自己展現愛與同情。我不再跟心中那個受創的小男孩脫節，因為這個部分正在痊癒當中。它不再被其他事物觸發，而且我的成人自我正在用健全的實用反應工具來保護我的身心上下，特別是藉由設立界線。

隨著自我價值感的日益增強，我的一些友誼也自然而然地淡去了。隨著我逐漸設下界線，身邊一些我總是為他們伸出援手（但永遠不聽我勸告）的青年朋友不再覺得我有任何用處。我看到了他們的真實本性，而非我希望他們成為的樣子。我學會了如何尊重自己，因此我展開內在的大掃除。

我和媽媽一直很親近，而且隨著年紀的增長以及創傷的癒合，我能夠對她一路走來的旅程抱有深深的同情和敬重。我了解她為了顧全大局、保持家庭完整做了多麼大的犧牲，即便是用一種縱容的方式。

我和爸爸的關係也修復了。我先學會如何尊重以及愛自己，然後才學會如何尊重我爸爸並且愛他。我內心徹底接納了他的所有。我們之間不再是劍拔弩張的關係。我得以原諒他的缺點、他的創傷、他的焦慮、他的酗酒，以及他因痛苦而大發脾氣。我能夠看到他的光明、默默地慷慨付出、關愛、創造力、力量還有同情心。我可以更清楚看見我們彼此，以及他有多麼為我感到驕傲。

我的父母已經過世了。我一直深愛著他們，也對他們深深想念。

我們療程的其中一項環節就是接納自己的過去，而重述我們的故事對整合融入的過程有著莫大幫助。我們可以藉由書寫和談論自身經歷來洞悉自己，所以我想和各位分享我的故事，因為我將在接下來的章節中以它為例，說明核心創傷以及HEAL療程能夠如何幫助你。

練習：寫下你的想法

既然你已經讀了我的故事，你的腦中可能會浮現出一些回憶和感受。請花幾分鐘的時間把它們寫在你的筆記本上。我故事中的某些部分是如何與你的故事相似？當你閱讀我的故事時，你被激起了哪些感受和記憶？或許你在自己身上看到你是如何培養出受創情緒反應工具來度過童年家庭的生活的。當你進行第五章的時間軸練習時，注意到自己的感受並將它們寫下會有所幫助。

創傷的多種形式

情感創傷分成多種形式，從看似微不足道的舉動，例如被大聲責斥，一直到影響重大的事件都有，像是遇上車禍、在戰火下生活、面對親人的死亡、遭受性虐待和精神虐待等。任何形式的創傷都會對我們產生持久的影響，而我們的身、心、靈會歷經一連串複雜的程序來保護核心自我，並在創傷事件中安全地儲存核心情緒。

我們主要是以三種方式來度過創傷：壓抑、潛抑和解離。**壓抑**（suppression）是我們有意識地將某段記憶從腦海中抹去。我們會主動選擇忘記它，不賦予它任何力量。當我們在一段時間內不自覺地忘記一件過於痛苦而讓我們不想記得的事件時，就稱之為**潛抑**（repression）。**解離**（dissociation）則是發生在受到嚴重的創傷期間，也就是當孩子的天生生存本能說「你可以試著傷害我，但無法影響我的核心」的時候。為了自我保護，孩童或成人會切斷內心與事件本身的連結。

創傷發生後，受創的人並不總是知道事件已經結束，這也因此造成反覆出現的痛苦會不斷試圖引起我們的注意，這樣我們才會設法處理它。

為創傷命名是一個很重要的步驟，因為這樣做可以使創傷自陰影當中現身。當創傷蟄伏在暗處時，它們就會變成黑暗、骯髒的祕密。當我們不去談論創傷或在情感層面不做任何處理時，它們就可能支配我們的生活，但當我們為它命名時，我們就必須正視它的存在。

核心創傷

核心創傷聽起來非常痛苦，就像是某個深刻的創傷事件或回憶所造成的巨大傷口。情感的核心創傷是源自與家庭成員（如同我的故事那樣）或是與我們信任的人所反覆進行的各種小小互動。這些互動可能是輕微的尖酸或攻擊話語，或是意欲傷人的可恥言論。它們可能偶爾或每天發生一次，但無論如何都會不斷造成傷害。當它們發生時，我們會漸漸習慣這些情緒打擊，最終就會形成一個傷口，發展成一道看不見的創傷。這道創傷會承載著凍結的內在痛苦，而它終將成為我們的一部分，形成我們對自己的看法。

你現在可能會想起自己生活中曾經發生的事件，並且好奇你所經歷的是否為核心創傷。我們每個人在成長過程中都遭遇過傷害、失望和羞愧，但這些受創經歷有許多都是個人發展及人類經驗當中相當正常的一部分。它們不好也不壞，只是必經的過程而已。兩者的不同之處在於我們自己是如何受到這些創傷經驗的影響，以及度過這些經歷。尤其是在孩提時期，當時的我們必須依賴自己的復原力和獨特的自我調和。

當然，行為不端或情緒失控的孩子需要接受糾正和管教，但是許多父母犯的錯誤是告訴孩子他們本身不好，而不是行為不當。長久下來，孩子將這份羞愧或嘲諷視為對他們本質上的負面陳述，因而造成核心創傷。**單單把孩子的本質不良和行為不當清楚地區隔開來，就能讓許多人對自己的看法迥異，並改變他們的人生過程。**

這些造成創傷的互動，有一些我們會深深記在心中，另一些我們只是看在眼裡而不予理會、繼續自己的旅程。看看你的人生當中有哪些事情對你影響深遠。你是被別人說為人不好嗎，還是被說行為不當？我們在接收並處理這兩種情緒資訊的方式存在著很大差異。

凍結的情感創傷

當你經歷核心創傷時，它會凍結在你受傷時的年齡，也就是你的**受創年紀**（age of wounding）。這種創傷會像雪花球一般被凍結在時光裡，在成年生活中被觸發時又再度浮現。這些凍結的情緒和傷害不會與你的其他部分隨時間一起進步成長，情感上的苦痛只是一直處於休眠狀態，直到它們被觸發為止，然後這樣的循環又會再度上演。

傷口被凍結在時光中並困在你心裡的雪花球內，這樣的概念對於承載著創傷的內心那部分而言，是你了解並與它產生連結的方式之一。這種方法能為你提供一個不同觀點，讓你看待自己以及你所長期背負的情感苦痛。

深度精神創傷

精神核心創傷（traumatic core wounding）是由極為深刻的創傷所導致，包括身體虐待，例如被打、被人揮拳或掌摑；也包含了情感虐待，好比被辱罵、覺得被人忽視、感受不到別人的需要或尊重；性虐待，例如被迫忍受非自願的性行為、在年幼時就接受到性行為或色情作品、非自願地看到有人暴露自己。（這當然不是一份全面性的清單。）這些類型的身體、精神、性方面和情感上的傷害，尤其是性虐待的創傷，會產生長期影響並造成嚴重破壞。

所有程度極為嚴重的精神創傷都會深深影響心靈，並且通常需要更長的時間才能克服。此類創傷時常會改變情感和智力的發展過程，並且引發終生循環的憂鬱及焦慮症，甚或更嚴重的精神疾病。針對我們如何對這些類型的精神創傷做出反應、回應和整合，每個人都各自擁有屬於自己的復原力。在我的執業生涯中，有些患者曾遭受到太駭人的待遇，以至於我選擇不採用他們的故事當案例。我抱持著謙遜的態度去聆聽他們的故事，也對他們抱有極大的同情心，因為我知道他們年幼時必須忍受這樣的創傷。這些痛苦的經歷超出了一個人所能忍受的範圍，使他們幾乎快撐不下去，奮力在背負這些苦痛的情況下勉力度日。

年幼的孩子具有超凡的忍受力，能承受成年人爆炸性的盛怒，也使他們得以培養出生存所需要的適應力——無論是精神還是肉體上的。我曾見過孩童和成人利用他們的復原力來保護真實自我免於傷害，但我們的忍受和復原能力都有臨界點，一個人一生所經歷到的創傷越多，其復原力的儲存量就越變越少。

我們經歷創傷的方式會因人而異，因此對某人造成極大打擊的事，對另一人來說可能無關緊要。我們每個人都會把自己的世界觀、個性和自我意識帶入我們遭遇到的任何情況，所以相較於他人來說，有些人更能安度某些難關。

人們有時會以「每個人以前都被打過屁股」或「我是個壞孩子，所以我想是我活該吧」的想法，來把某件事大事化小、小事化無。這種合理化或淡化的想法能夠幫助大腦搞懂或理性思考該事件，我們才能將它放下、繼續前進。我們的腦袋會有意識地壓抑自己並對自己說：「不如就放下它吧，因為我知道如果自己在這個情感漩渦裡困得再久一點，就會開始感受到那些我不想體會的東西。繼續往前吧，這裡沒什麼值得眷戀的東西……」

如果你因身體或性方面的虐待而深受精神上的創傷，請務必理解以下幾點：

- 虐待是別人加諸於你的行為。
- 別人這樣對待你並不是因為你做了什麼事。

- 如今這樣的事已不會發生在你身上。你現在安全了。
- 你可以獲得幫助來治療這種創傷。
- 你能夠痊癒並擁抱真實的生活。

你與精神創傷之間的關係，需要按照你自己的時程和步調來進行治療。精神創傷發生的時候，你不但無法掌控任何事，而且當時你的體型也還小，更沒有表達和保護自己所需的各種詞語，再者全世界對你來說其實也不過幾個街區大而已。你必須仰賴生命中的成年人來保護你不受各種傷害，但或許他們本身也在全心應付自己的毒癮、精神疾病、情緒困擾等所帶來的苦痛，或是正在努力工作而沒有時間陪你，抑或是他們自己也受人虐待。

有時父母要到多年以後才知道自己的孩子遭受某種虐待、心裡充滿罪惡感。他們要嘛不知情，要嘛就是假裝沒看到以淡化事態，再不然就是施虐者逼孩子發誓保密、永遠不向任何人透露。如果父母本身就因自己的創傷而不好過，他們便有可能注意不到、無法理解或看不到孩子的情感痛苦。儘管父母擁有大人的形體，但內心卻可能年幼許多，這點也能顯現在他們如何對自己小孩做反應或是根本沒有回應。

在我們療癒創傷之前，我們無法從療癒的觀點來看待別人的情感創傷。這一切感覺都很正常，而「情況也正是如此」。例如，當父母沒有注意到孩子正在哭泣或憂煩時，他們可能也有著自己的煩惱，而且正如小孩一樣，他們也需要得到理解、培養和照顧。這就是為什麼家庭的情感創傷會代代相傳的原因，整個家庭都會陷入情感凍結的戲碼之中，直到有人打破並療癒這個循環。

從嚴重的精神創傷經歷所發展出來的受創情緒反應工具和衝動反應是特定於該種受創事件的。遭受性虐待的孩子通常能學會如何自情緒中抽離並將其劃分，這就是稱為**解離**（dissociation）的這種創傷生存技能。為了保護自己的核心，這個受創傷的孩子對當下狀況會有一種無意識的反應。

「這個較為年長、體型較大、比我強壯的人擁有比我更多的力量和控制權。他們正在做一些錯誤的、糟糕的、令人作嘔的事情。他們叫我不要跟任何人說。我試圖拒絕並反擊，不過他們比我更壯、更高大，還跟我說我做什麼都沒有用。我覺得無能為力，所以我屈服了。既然我抵抗不了他們，我就必須深入內心來拯救自己。我會把我的情感、我的核心、我的個性、我的聲音和我的心靈深深埋藏起來作為保護。我不會讓他們接觸到真正的我。他們可以對我的身體為所欲為，但他們無法影響到我。」

許多男性和女性都向我表示，他們之所以能在情感和精神上倖免於童年遭受的性侵事件，靠的是後來他們才知道是稱為解離的這種方法。對於年幼的孩子來說，這種心靈創傷所造成的重量和負擔實在是太過沉重了，他們的自我價值、愛、信任和尊重不但被徹底粉碎，他們也就此覺得無法信任自己或是週遭的世界。他們永遠被改變了。

童年的性侵事件對孩童心理有著無與倫比的破壞力。這種深層的核心創傷會造就各種特定的應付技巧和受創情緒反應工具，當中有一些的用意就是永遠不讓別人查覺到。那些被侵犯的孩子非常想要變成透明人，因此他們就改變自己、使自己隱身匿跡。他們掩飾了羞愧和憤怒等真實感受，還變得高度戒備及警惕，甚至抽離自己的情感以求生存。這樣的做法使他們關閉了部分的實用情緒反應系統，讓他們變得冷漠無情。如果這些經歷造成了難以言喻的精神創傷，他們就會進行解離。

情感創傷會隨著時間漸漸產生，或是轉瞬之間形成。我們對於這種創傷的經歷會根據自我意識、真實本性、界線和復原力而變。核心創傷分成許多類型，例如會刺痛心靈的隨口之言、家中的各種混亂模式，或是嚴重及反覆的虐待。深刻的情感創傷會導致心理和精神上的傷害，需要花更大的工夫才能療癒，而且除非核心情感創傷獲得解決，否則它們可能導致某人在成年後遭受無法療癒的創傷，而且其創傷模式還會重複出現。為了對熟悉的威脅保持警惕，未獲解決的核心創傷也會變得迷惘。一直到這份創傷被人承認之前，它都不會痊癒，也不會在情感上變得成熟。

由於未癒合的核心創傷一直深陷原地，我們會不斷選擇那些能夠完成或實現我們情感小劇場的人進入我們的人生。我們多半都不知道這樣做很糟糕，只以為自己的人生就是如此。這種埋藏在心中的潛意識模式使得受創年紀持續迷惘、固定並凍結在雪花球之中、等待著被觸發，然後帶著受創工具進去攪局，把事情越弄越糟。

當你進行ＨＥＡＬ療程、探索核心創傷時，請花時間慢慢來，並且溫柔地對待自己。如果你不確定某件事物是否為核心創傷，那麼它很可能就是。如果它都待在你的心中那麼久，而且在你想起它時也會對它產生情緒反應，這便意味著它有訊息想傳達給你。好消息就是所有的創傷都可以療癒，而且ＨＥＡＬ療程可以助你成為一個全然整合、完好無缺的成年人。

第 4 章 受創的小孩會長成受創的成人

在是非對錯的觀念之外，有一片原野，我會在那與你相遇。

——魯米（Rumi）

隨著長大成人，我們以為自己會拋棄過往的幼稚行為，與其他成年人互動，做出成年人的決定，承擔更多責任。但是情感受創的孩子會長成情感受創的大人，而且即使身為大人，我們有時也會對外界的事件做出衝動反應，事後又對自己的行為感到尷尬或羞愧。

狂風暴雨歇息、情緒也平復下來之後，負責任的成人自我會評估損害，心想：「剛剛的我好不像我。我為什麼要這麼小題大作？」我們常常在胡亂發洩後感到困惑，但這麼做根本毫無意義。我們知道自己做了什麼，卻不了解原因出在哪裡。有關該次事件的記憶被羞愧感包圍，而我們也常會因為羞恥難當而無法原諒自己。

其實無須忍受這種恥辱，你也可以打破衝動反應的模式，但在核心創傷痊癒之前，無論你走到哪，那個受創和迷惘的內在小孩隨時都會引起不恰當和衝動的反應，如影隨形，成為你的負荷。

你將從本章內容開始深入了解ＨＥＡＬ療程。你會更清楚地知道核心創傷為什麼會發生，以及如何療癒迷惘的內在小孩，使它能夠與成人自我融為一體。一旦核心創傷癒合，它就不會再次被觸發，你也不會一再重複不健康的模式。受創的孩童將不再控制著受創的成人，這個部分將會融入負責任的成人自我，為你帶來你從未體驗過的平靜、祥和與自由。

重複不斷的行為模式

希望發展健全人際關係的人們常會感到沮喪，因為他們知道自己在某種程度上用的都是過時的情緒反應，而且還一再重複同樣的行為模式，卻不知道自己還能做些什麼。他們真心地不想反覆陷入差勁和不充實的人際關係，但他們卻還沒有療癒情感上的創傷。這些人就是我所謂的「糟糕的選擇者」，他們總是根據自己未受承認的核心創傷來挑選另一半，這就是受傷的人會彼此相吸的另一種版本。他們總是說自己不想和之前伴侶類似的人談感情，但接著又開始和另一個版本對象約會。新的另一半可能長相和行為都不相同，但雙方的互動模式卻沒有兩樣，而且想要改變的一方在這段感情當中仍會使用與前一段關係相同的衝動反應。

他們未被療癒的情感創傷在找尋的伴侶，正是那個可以和他們一起完成或實現最初那段受創經歷的人。他們在內心深處想要治療這種受創模式，譬如他們可能會下意識地認為：「我真的很想癒合我青少女時期的男友對我造成的傷害。」然後他們的創傷卻將這份渴望翻譯成為：「哦，我知道了，我會選擇一個自戀且受創的人，然後跟他發展一段共同依賴的關係，即便他待我如糞土也沒關係。一切都不會有問題，因為我知道該怎麼適應那種情況——我有合適的工具。」

我們當然不會刻意去思考這些事，但卻會下意識地這麼做。這就是為什麼有些人心中有個「糟糕的選擇者」，直到他們將那個部分療癒為止。他們正根據自己的情感創傷來挑選另一半，無意識地試圖擺脫這種關係的循環。受傷的人會彼此相吸，而療癒者則會吸引健全的人。

故事：布莉姬，一個被遺忘的小女孩

布莉姬在職涯中表現得相當出色，私人生活卻一直充滿挑戰。她是一名育有兩個青少年兒子的單親媽媽，與前夫輪流撫養兒子。她一開始來找我諮詢的時候，對於約會或親近任何人都不感興趣。日子平靜時，她的心情還算不錯，但多數時候她都感到失望、害怕和孤獨。

每當事情出錯，或是遇上不愉快的意外，又或是她的兒子快把她逼瘋時，她就會變得非常緊張。她的核心創傷會被觸發，導致她怒火滿腔，出口傷人。她會仰賴酒精、大麻和處方藥來暫時讓心情好一點。

布莉姬深知這是個痛苦迴圈，她也想要停止這樣的模式。當她在宣洩怒氣時，她感覺自己就像是變了個人似的。她所描述的感受和行為，像是個心煩意亂的孩子在使性子。這不是她那個有所成就且成熟的成人自我應該展現的語言或舉止，這是她的受創自我在對身旁最親近的人亂發脾氣。

布莉姬判定她受創的內在小孩為四歲左右。在她療程的初期，她甚至討厭自己有個受創的內在小孩。雖然她藉由HEAL療程了解到為何這個較為年幼的受創部分會出現，但她已經受夠了內心的傷痛以及循環不斷的痛苦。她說：「我只想要她閃遠一點而已！我恨她。」

HEAL療程並非要你忽視或拋棄年幼的自己，而是讓這個部分與成人自我融為一體。布莉姬學會了如何辨別自己胡亂宣洩的觸發因子，以及該如何與這個部分進行溝通。她列出了自己的衝動反應清單，以便判定這個情感上被凍結的部分會被什麼觸發。

有一天，當她為了自己竟然有個受創的內在小孩而感到生氣時，我問她內心的小女孩到底是待在什麼樣的地方。她毫不猶豫地表示：「那是個寒冷、黑暗的地方，地上都是破布，而且一扇窗戶也沒有。」

「聽起來很悲慘。」我這麼回答。接著我問她，如果一個四歲的小女孩站在她面前，心中全是同樣感受，住的地方也一模一樣，那麼她會作何反應。布莉姬說她會擁抱她，幫她打點乾淨，再帶她去更好的地方居住。透過回答這個問題，她為這個小女孩想像出了一個充滿關愛的住所，牆上有窗戶，地上一塊破布也沒有。藉由把自己心中的這一部分擬人化，她得以不再將這個最需要擁抱的部分拒於千里之外。

當心中那個受創的小女孩被觸發時，布莉姬會感到緊張、煩躁、戰戰兢兢，並且充滿控制欲，因此她發展出傷痛浮現時可供她使用的實用工具。我們想出了一些她負責任的成人自我可以說的話，例如：「不要緊的，我會確保不讓任何不好的事情發生。我很冷靜，而且我相信自己會做對的事。」她只需要說這些話就能讓她的受創自我感到安心和平靜。越是能夠在心中設下這些內在界線，並對他人設立外在界線，她的年幼自我就越有辦法知道負責的成人自我正在掌控一切。

如今布莉姬仍在繼續努力對自己和他人設立界線。她的生活並不完美——她的兒子們依舊讓她抓狂，她也沒有和任何人約會——不過心中那個年幼的自我不再那麼衝動和一觸即發了。她很努力去辨別受創部分浮現的時候，並使用她的實用反應工具來給予自己鼓勵、慰藉和關愛，她知道這樣做能盡可能地使自己保持理智及真實。

你的衝動反應工具

正如你從第一章所得知的，為了使自己能夠應對家庭狀況與週遭環境，你在童年時期就培養了衝動反應工具。請看看你小時候所開發出的一些衝動反應工具（麻煩參閱第一章中的「練習：你的衝動反應」）。我們現在要讚揚這些工具並更深入地檢視。

要去肯定這些衝動反應工具似乎有些違反常理，但它們曾幫你適應、回應及探索人生，幫助你了解年輕時的傷害、痛苦和困惑。你使用了這些如今已破舊不堪的受創工具，試圖讓生活的一切更容易應付。基於你當時對世界的了解，這些工具是完成工作的最佳工具。

你目前所進行的療癒是出於自我關愛，而非自我憎恨或排斥。你仍然可以使用這些衝動工具，但現在你會想要開始運用那些有助於你向外拓展的工具，而不是讓你更為退縮、渺小。我們的目標是讓你有意識地了解自己所發展的那些工具，辨別出你在特定情況下會想使用何種工具。

回想一下你所使用的受創工具，並將其牢記在心。打個比方，也許你會過度補償，太過努力想要取悅他人。感謝這個工具在你過去有需要時能為你所用，然後問問自己是否現在還需要它，還是你只是出於習慣才這麼做？你是不是可以暫時放下它？你能否將它療癒，然後放手讓它化為過往雲煙？你在內心深處或許會開始覺得有某種情緒蠢蠢欲動，不過這是正常的。請讓這份情緒像暴風雨穿越山谷一般席捲全身，但這不過是一場暴雨、一種感覺而已，且讓它穿越你的心中，然後將它放下、繼續前行。

你可能還沒有準備好放棄你長期仰賴的受創工具，因為你不清楚自己是否會再次需要它。這是一個相當合理的觀點，而且我們在治療過程中不希望某人的情緒曝露在外，直到他們感到安全並知道如何保護自己。如果你認為自己仍然需要這項工具，請不要把它丟棄。只要認清楚以下這一點，並意識到你何時使用它就好。如果我願意，我仍然可以使用我的受創工具，但我也明白若是我使用衝動反應工具而非實用工具時，我在人際關係中所要付出的代價。

你的情緒反應工具，不論是衝動還是實用的，都隨時能供你使用。在繼續往前邁進之際，你會捫心自問：「這是我現在應該使用的最佳工具嗎？」

這個練習是延續自你在第一章「你的衝動反應」中所做的練習。在開始之前，請回顧一下你在筆記本上為所寫下的衝動反應工具列表。

為了向各位示範你該如何進行這個練習，我們先以「我感到失控時會對別人大吼大叫」這個衝動反應為例。如果這是你的衝動工具之一，問問自己為什麼在人生初期中需要這個工具，比方說：「當我感到無力自衛時，我需要這個工具來反擊」。想想看你是為了什麼人事物、場合以及原因而培養了這個衝動反應工具，另外也回想自己感到無助、不確定、害怕與擔憂的時刻，例如：「當我哥哥毆打我時，我培養了這個工具以作為防衛之用」。請在每個衝動工具的旁邊寫下你的答案。

如果有的話，你還可以寫下，你是跟誰學會該工具的。那是不是你對生活中發生的某事所做的反應，又或是為了回應某人對你說的話或做的事？你是否看到別人使用這個工具，或者有人在你身上用了這個工具？人們在進行這個練習時會有一種

練習：你的衝動反應工具是如何發展出來的

常見的回答：「我不知道原因是什麼，我一直以來都是這樣做的」。

沒關係，把這種答案也寫下來。我們對自己是如此習慣和熟悉，就連我們失常的行為和反應也感覺起來很正常。

等到寫下答案後，請把它們當作整體來進行仔細的審視。若你看出任何重複的模式就把它們記下來，舉例來說，你可能會發現有種模式是你所選擇的另一半，經常會是你將權力賦予他們，或是他們表現得像是他們有權對你為所欲為。一旦你辨別出某種模式，請想想它是如何套用在你過去和目前的人際關係上。你覺得自己是不是以這種模式來挑選朋友或伴侶？這與你的衝動反應工具又有什麼關聯？

這個練習是為了幫助你開始明白，你學會了這些情感受創的反應是有其原因的。你不是天生就有這些受創工具，而是為了幫助自己進行應對才將它們開發培養出來。當你進行ＨＥＡＬ療程時，你將能夠判定這些工具是否依然可以為你所用，以及你是否想要繼續使用它們。

暫時把你從本練習中得到的結果放到一旁，我們到了第五章時會再次回來檢視它們。

破碎的界線

大多數人都不知道自己是否擁有完善的界線，他們不知道自己到底有沒有設立界線、如何設立界線，甚至不知道界線是什麼樣子的。界線為我們的人際關係創造出一種情感上的安全感，也是我們對某種情況的直覺反應、當我們喜歡或不喜歡某些人事物時的立即感受，或是我們是否想進行某項活動的當下感覺。當我們在某時或某處沒有健全的內在及外在界線之際，創傷就會浮現，而且如果界線是破碎或模糊不清的，我們的衝動反應就會在成年生活中以各種不同方式呈現出來。

缺乏健全界線的迷惘內在小孩對某種狀況或事件做出衝動反應時，負責任的成人自我就必須為這個受創部分所惹出來的麻煩進行協商及處理。缺乏界線會造成許多混亂，我們也可能會迷失在後續風波以及受傷部位所引起的喧噪之中。我們的成人自我很難不去理會這種內心的混亂和動盪，因此直到療癒過程展開以及成人自我學會如何設立健全有用的界線之前，受創的自我將持續照本宣科、躲回凍結情感與衝動反應所帶來的安全網之中。

毫無界線

當我們未能就自己對於某種人事物作何感想而設立並表達明確的界線，以及我們不知道如何說出本身的界線來向他人表示堅定的立場時，就是一種毫無界線的狀況。當人們對界線有著模糊的想法時，他們就會變得**糾結**（enmeshed）而時常被扯進別人的事務中，或是覺得每件事都非得親力親為才行，並且甘願讓朋友和家人把他們的問題推到自己身上。用共同依賴的話語來表達，他們就是處理問題者、解救者以及掌控事物者。他們時常感到不知所措，不知道該如何處理自己的一團亂，因此他們開始插手別人的問題。糾結不清（enmeshment）就是有時候擁有模糊的界線，有時候則是毫無界線。毫無界線的人會感到無所求和無所欲。他們已經學會了自我停擺並放棄本身權力，其舉止時常像受害者一樣。他們不清楚自己喜歡或不喜歡什麼，因此會詢問別人的喜好然後有樣學樣。他們非常在乎他人的行為和感受，開口閉口都是「你想要什麼？」或「我不清楚，那你想要什麼？」

毫無界線的人常常因為缺乏界線和伴隨而至的糾結而感到疲憊不堪，也想要逃離他們所引來並捲入其中的各種劇碼和風波。他們有很深的不安全感，一生都讓別人決定他們應該怎樣做自己以及該如何看待自身。他們將自身的對錯觀念投射到他人身上，因此為毫無界線的自己造成了兩種主要的受創模式。

第一種模式是**腦補**，也就是試圖想像別人對自己的看法和感受。這種類型的創傷會讓一段戀情中的雙方都感到困惑。喜歡腦補的人時常會根據部分事實來虛構故事，接著為當下可能發生的事情幻想出某個情景。他們會將自己的不安全感和看法投射到另一半身上，並且編造能夠符合自己認為對方目前應有想法或感受的故事。腦補很快就能使某人誤以為自己的生活一團糟、每個人都討厭自己。

另一種模式是毫無界線的人以**被動攻擊**的方式企圖掌控他人，因為他們覺得其他人想要控制他們。毫無界線的人會試圖在一段關係中建立安全感和控制權，不過卻是以間接的方式來進行，藉此避免衝突，讓對方無法察覺。

毫無界線的人不知道該如何談論自己的感受，因此他們希望另一半僅從他們的躲避逃匿、冷嘲熱諷或先斬後奏的言行當中就能了解意思。對方一開始都無法察覺、接收不到這些細微或間接的線索，若另一半有自戀傾向更是如此，但大多數人都能及時知道他們被人操弄，然後就開始憎恨對方，使關係更為麻煩複雜。

不要低估我，也不要假設我會作何反應。

毫無界線的人通常會感到迷茫、怨恨、有壓力、疲倦、擔心和困惑，而且不知道為何自己會如此。這種行為源自恐懼——對於衝突的畏怯、對於被人排除在外的害怕、對於無法控制局勢的畏懼、對於他們無法參與或不被需要的膽怯。他們擔心自己在任何時候和任何情況下對另一半都可用可無，也憂慮他們對自身毫無價值、簡直無關緊要。沒有界線的人會自我迷失，而且通常還會蒙受許多悲傷、戲劇化事件以及受傷的感覺。

練習：毫無界線，抑或糾纏不清

你認為自己與他人之間的界線很少或甚至沒有嗎？你覺得自己會不會因此與家人或朋友變得糾結不清？毫無界線意味著你完全不會去注意自己的行為及想法或是允許他人對你的待遇，有哪些是可以接受或不可以接受的；糾結不清則是當你與其他人牽扯上關係時，對自己與對方的界線模糊不清。審查自己內心的這一部分可能是件困難的事，但檢視自己設立或不設立界線的能力，卻是為內心受傷部分創造安全感的重要一步。

仔細思考以下問題，並且把那些對你具有意義的答案寫下來。當你這樣做的時候，只須觀察自己就好，不必自我譴責。答案沒有對錯之分，你只是在探索你目前界線的程度而已。當你到了第六章學習設立健全的界線時，你將會用到這些答案，因此請先留存下來以備後用。

- 我會讓別人對我頤指氣使嗎？
- 我是否在扮演受害者的角色？如果是這樣，我為什麼要讓別人有權對我為所欲為？
- 我會不會因為厭倦為每個人做所有事情而想要逃跑？
- 我是否希望別人能夠讀懂我的心思並且知道我需要哪些東西？
- 我是否會對自己說：「如果他們愛我，就會知道我需要哪些」？
- 我會不會測試別人愛我的程度？
- 我會不會試圖以間接的方式來控制他人？
- 當我感到憤怒、悲傷或沮喪時，我會不會希望別人能察覺到蛛絲馬跡？
- 我是否想當個隱形人，卻同時希望能被別人看見？
- 我是否會讓別人左右我的感受或是我對自己應該作何感覺？
- 我是否認為別人在我背後對我議論紛紛？
- 我是否需要知道別人在做些什麼？
- 即使別人不想要徵求我的意見，我也會給他們嗎？

練習：毫無界線，抑或糾纏不清

- 我會不會因為不知道自己想要哪些東西而讓別人決定我的現實是什麼？
- 我會不會覺得自己沒資格設立界線或對別人說不？
- 我是否覺得自己不配得到任何東西？
- 我會不會因為自己的生活一團亂而試圖幫助別人的人生？
- 我會不會推卸任何事物的責任？
- 我會不會不尊重他人的看法或思想？
- 我會不會懷疑和質疑所有人？
- 我會不會懷疑和質疑自己？

請看看你回答「是／會」的問題，你有沒有發現任何傾向？這些想法和行為是缺乏界線和糾結不清這兩種特性在人際關係中的呈現方式。它們反映出某個人所需要的療程；沒有好壞之分，它們就是如此。

再深入一點，詢問幾個有關你為何很難設立界線的問題。請隨意在筆記本中進一步地詳述你的答案，而且要盡可能對自己誠實。請記住，除非你想與他人分享，否則這個練習僅供你自己使用。

- 在我的人際關係中，我是否曾經試圖拿回主導權或設下界線，但未見成效，之後便放棄嘗試？（「他們不喜歡我表示拒絕，所以這樣做根本沒有用。從現在開始我只好同意他們。」）

- 我是否知道人們是對我有益還是有害？我是不是很難看出兩者的區別？
- 我是否曾經誠實地檢視自己有沒有在人際關係中扮演受害者的角色？（「我真可憐。」）
- 對於自己的行為，我會不會把原因歸咎在他人或局面之上，並且推卸責任？
- 我知不知道什麼事物對我來說是重要的，還是我只是跟隨領導者以及那些我認為比我優秀的人？
- 我是不是希望每個人都能融洽地相處，都不要捲入任何戲劇化的事件？（「神奇思維。」）
- 我是不是擔心如果自己設下了界線，有些人會因為我不再迎合他們而不想跟我來往？
- 我是不是建立了一份有關自己所欲和所求的清單？
- 我是不是主動嘗試要好好照顧自己？
- 我是不是真的嘗試過不去參與別人的生活，以此來分散我對自己人生的注意力？（「我是否都專注在別人身上，這樣我就不用看自己？」）

你對這些問題的答案將幫助你開始檢視生活中反覆出現的模式和主題。如果你在建立需求列表方面需要幫助，請參閱附錄 B 的需求清單。

創傷會因為界線系統的不良或薄弱而不斷循環，一旦學會如何設立強大且實用的界線，你就能重新取回自己的權力，與真實自我建立關係。此外，你也會因為知道如何以有效的方式保護自己，進而中止創傷的循環。你從這些練習當中所發現的模式和主題，能為你的敘事角度提供大量訊息，而且它們塑造你內心世界（你的自我對話和感知）的程度遠比你所知道的還多。

在學習設立界線的這項藝術時要溫柔地對待自己，你就可以找到自己的界線聲音，並建立充滿關愛、相互尊重的人際關係。

設立健全的界線能夠為我們失常和有毒的人際關係提供退場機制。它還能夠替可能迷失方向的人際關係重新找到定義。

練習：毫無界線，抑或糾纏不清

氣泡界線

許多人會用一套「情緒盔甲」來武裝自己，時時刻刻都準備好要打一場想像中的戰鬥。他們受傷的部分並不知道戰鬥已經結束，因此日復一日用著這些受創的負荷來為自己著裝。他們四周有著一種我稱為**氣泡界線**（bubble boundary）的東西，以此來保護自己不受外界的侵害。

氣泡界線堅硬但脆弱，延展性十足卻又無比僵固。當你與他人保持一定距離，或是感到既受保護卻又開放自在時，它就是你所擁有的界線——既不極端也不會糾結不清。你會參與人生並享受與他人相處的樂趣，卻又咬緊牙關希望他們不要靠得太近。身在這個氣泡當中，你感覺自己被保護著；你仍然可以看到其他人，甚至讓他們接近你，但只要有人過於靠近並觸及你的氣泡界線時，你在一瞬間就能察覺。你的氣泡界線就是你的庇護之地。擁有氣泡界線的人學會了如何保護自己免於受到童年時期家庭帶來的攻擊，這些侵擾所呈現的形式包括了不誠實、消極抵抗的評論或是抵禦性的沉默。這些人的家中可能鮮少表達情感，因此他們從未學會如何展現自己的感受。

由於缺乏健全的情感表達，這些孩子在長大過程中會遭到情感上的忽視，還會編造故事來理解自己身處的世界。雖然衣食住行等基本需求得到了滿足，但是情感的滋養和培育卻沒有。

有時這種情感表達和養育方面的缺陷會造成內心空虛，導致孩子試圖用其他方式來填補，好讓自己感到完整。這種行為可能會以逃避現實、自我孤立、退縮、腦中過著幻想生活、吸毒、飲酒、自殘、大吼大叫和其他發洩管道的形式出現。這些行為是受創且迷惘的內在小孩用來自我撫慰、應對一切和理解世界的情緒反應工具。孩子和父母無法建立安全的依附連結，使得孩子在往後人生中形成不健康的依附方式。

通常在**情感無能**（emotionally unavailable）的家庭中，孩子們接收到的唯一互動交流就是批評或羞辱，因此他們學會低著頭保持低調。到了某個時候他們就不再尋找來自父母的情感滋養，而受創的內在小孩也會退縮到內在世界，並使用受創情緒反應工具作為保護和慰藉。長久下來，這個界線就變成了一個包圍並保護著他們的氣泡，但是它的形成是出於困惑、沮喪、必要以及匱乏，這與他們的真實自我以及他們對人生的希望和夢想並不一致。

氣泡界線所演化的最終形式是成癮、酗酒、不當性行為、毒品、拒人於外，以及過於分心而無法進行內心治療。上述行為的短期功效會使人麻木無感，但最後產生依賴效果，接著變成無效的界線，這些全都是為了維護迷惘內在小孩的受創敘事角度而造就出來的。

擁有氣泡界線的成年人會尋找情感無能的伴侶來重演這齣戲，重複進行他們所知道的來試圖讓自己感受到被愛。他們想要與人親暱，卻又把人推開。他們也暗自希望有人能看穿他們佯裝的外表以及他們的氣泡，看到那個真實且受創、渴求認同和關愛的自我。

有氣泡界線的人，有時會出於沮喪而想卸下僵硬的武裝、打破氣泡、敞開心扉去建立一段關係。他們想要與人有所連結，並且認為能憑己力打破氣泡界線，突破防線，但是這種做法不但過頭，也操之過急。他們在找尋親密或感情的伴侶時，心中並非總是有一個好的「選擇者」，而且在急著努力與某人建立親密關係時，他們犧牲了本身的自我意識，可能因而產生毀滅性的後果。他們通常很自卑、覺得自己不夠好，因此沒有強大的實用界線工具來支持自己、為自己在這種互動關係中作為後盾。

想在突然間打破氣泡界線的人，在遇到新對象時可能會感到興奮和緊張。他們可能會決定說出自己的所有祕密並提供過多信息、將一切都攤在桌面上。他們下意識地認為如果自己這樣做，對方就能立刻認識自己。他們想要了解，如果他們展現真實的自己，究竟是會把對方拉近還是推開。他們從已知的安全氣泡界線之中，進入了毫無界線的範疇。

由於他們在情感方面不了解自己，也沒有健全的界線系統，這種過度分享是他們試圖建立親近關係的做法，不過同時也是一種考驗。情感傾瀉常常會使另一人難以承受、將對方趕跑，使得過度分享者因為太早透露過多而感到羞愧。他們會覺得自己很愚蠢，因此退回到氣泡裡的封閉世界。

極端界線

極端界線與毫無界線恰恰相反，也比氣泡界線嚴苛許多。極端界線涉及了進行天翻地覆的人生改變，因為那個人認為這是能夠使自己在情感、身體、精神或性方面免於他人傷害的唯一方法。極端界線的例子之一就是某人會搬至別州或別國以遠離另一個人或自己的家庭。建構這樣的界線就像是打造一座鋼筋混凝土做的堡壘——它會永遠將其他人拒於門外。

設立極端界線的人通常會因別人對他們所做的事而感到憤怒或受傷，或是對某事感到非常恐懼。他們會遠離一段友誼、感情或是工作環境，用以回應他們所感受到的恐懼。他們認為自己別無選擇，保護本身的唯一方法就是將其他人或某種狀況封阻在外，然而多數人是出於沮喪而非因為害怕受到傷害而過於著急地建立極端界線。當他們不知道如何建立健全的界線時，這種狀況就會發生。

極端界線的一些範例包括：

- 我要搬走了，而且我也不會告訴你我要搬去哪裡。

● 我要封鎖所有對你的聯繫，包括電話聯絡和社群媒體。
● 即使我們在同一個房間，我也不會理你。
● 我會對一切說不，拒所有人於千里之外。
● 我不會承認我受到的痛苦。我會把自己與自己隔絕開來。（這是極端內在界線的一種例子。）

這種毫無效用的極端界線，當中有些聽起來像是由某個需要搬遷至千里之外以保護自己的人所設立的，而有些人確實是為了自身安全而必須遷移或在生活中封鎖某人（如果你的情況正是這樣，請參閱附錄C的參考資料）。然而由於極端界線可能在某段關係當中造成潛在的長期傷害，因此在實行前必須詳加考慮並視為最後手段。

如果你想要對人生當中的某人設下極端界線，請試問自己下述問題以確定這是不是你的最佳選擇。把答案寫在你的筆記本上，並在第六章的界線療程當中備好這些答案。

在設立極端界線之前，問問自己：

● 我是否從理智而非過度情緒化的角度來審視自己的感受？有關這個人對我曾經做過或正在做的事情，到底對我造成了什麼樣的感覺？我是否需要設下一個極端界線，或是否有某種實際界線是我可以設立的？

- 我是否曾經對這個人表明我的界線？我是否曾經多次嘗試與其溝通或是就情感面與其達成共識？在利用實際界線來解決問題方面，我是否已經盡了最大努力？
- 我是否覺得無論我多麼清楚地表明自己的界線，對方都不予以尊重？我是否感受到被人虐待及忽視？我的需求有沒有被人聽到或尊重？
- 我有沒有考慮過對這個人設下極端界線的後果？設立極端界線後，我會有什麼感受？未來若要試圖修復這段關係，又會產生什麼樣的影響？
- 我有沒有清楚認知到對方的立場？我到底是依據對方的行為還是對方所表達的感受來做出假設？
- 我有沒有感受到任何形式的威脅？如果有的話，我是否需要為自己和家人的安全來設立一個極端界線？
- 無論我說或做了什麼，我的界線是否不斷遭到侵犯？

如果你已經理智且頭腦清晰地回答了這些問題，但仍覺得需要設下一個極端界線來保護自己和家人的安全，那麼請小心謹慎地行事。如果你心中開始充滿憤慨、怨恨、報復、嫉妒和盛怒，那麼請花點時間來重新調整自己的重心。

在你感到較為平靜之後，問問自己是否需要一個極端界線，還是僅需調整自己的感受。在做出此類決定的時候，你希望能夠保持好自己理智和重心。

如果你能打從心底由衷地回答，你必須為了自我保護，也必須為了尊崇你對自己的自愛、信任和敬重來設下極端界線，那麼你想保護自己是很棒的一件事。但如果你沒有仔細思考前面的問題，並且因為這段關係搞不清理還亂而想要把它結束掉，那麼你必須重新檢視它，看你是否有更多的實用界線能夠發揮作用。

在沒有辨別最佳方法的情況下就設立極端界線，只會讓受創劇碼沒完沒了。設下一個極端界線的人，可能會對他人建立更多極端界線，因為這樣做比解決問題來得容易。這種類型的人一生當中時常會關上許多扇門，並且留下充滿各種未竟情感事務的凌亂房間。

如果你對上述的缺乏界線，以及破碎、氣泡或極端界線深有同感，請記得你同樣也有健全的實用界線。

不妨花點時間想想自己擁有的實用界線，也就是你在保持自我意識方面表現不錯之處，這些正是平衡且對雙方有益的人際關係，會讓你感到受人敬重、信賴以及關愛。當你進行互動、拓展與他人的往來時，這些類型的人際關係是你極力想要達到的黃金標準。許多人在工作當中擁有非常良好的界線，但在家裡的卻相當糟糕。這種情況之所以經常發生是因為在職場中，不管是工作或個人行為方面都有定義明確的準則，所以人們會循規蹈矩，但是在家裡卻沒有工作守則，因此人們傾向於把自己在童年家庭中所看到的界線或缺乏界線帶入個人生活中。請記得，你做對的事情比你做錯的還要多。我們每個人都在盡力發揮本身擁有的工具，而在進行HEAL療程時，你會了解哪些工具已經具有成效，哪些仍有些許的進步空間。

憤怒的界線

許多人只有在無法忍受並開始生氣後才會對別人設下界線。他們一直在壓抑自己的感受，然後藉著這股抑制已久的怒氣和憤恨來讓自己挺身保護自我。他們會利用這些囤積情緒所帶來的能量以及其怒火來將自己的界線合理化，爾後也能把設置界線的原因歸咎給自己的憤怒：「是你讓我大動肝火的！」，他們會躲在這個藉口後面而無須承認自己的感受。你們可以回想一下，那正是我在十歲時做的事。我已經壓抑了太多怒氣而再也無法忍受，我要保護我的妹妹，我也處在爆發的臨界點。

> 憤怒是在巨大壓力下面臨恐懼的產物。

因為憤怒而設立界線的人們通常根本不習慣設置界線。他們不太會表達自身的感受，所以要等到壓抑在心中的怒火爆發時，其他人才知道他們對某事有何感覺。他們常會被說問題出在他們的怒氣上，但這不是癥結點。問題在於他們從來沒有學會如何處理自己與生俱來的怒氣，因此他們硬是囤積起來，然後爆發。

諷刺的是，這些人往往跟被告知憤怒這種情緒是不好的、是根本不該有的那些人是同一批，因此反覆囤積怒氣的循環比較常發生在男性而非女性身上。男孩在成長過程中會接收到有關情緒方面令人困惑又混雜不清的訊息：「不要生氣」、「不要哭」、「告訴我你的感受」、「我無法讀取你的心思」、「在學校不要打架」、「你必須挺身捍衛自己」、「你現在是一家之主，像個男人一點！」。女性和女孩則會聽到：「不要那麼情緒化或戲劇化」、「妳為什麼這麼安靜？」、「告訴我妳的感受」、「妳要堅強一點，其他人才會認真把妳當一回事」，而且她們還背負著順從社會、要為他人之便而貶低自己的壓力，另一方面別人又會對她們說：「妳只要做自己、愛自己就好」。

你永遠都不必為自己的感受或界線來道歉、尋找合理原因或加以解釋，你的感受就是你的感受，而且你也可以選擇以何種方式來表達憤怒。如果你的界線被侵犯了，你無須任何藉口就能告訴別人你的感受；你只需要找到自己的重心以及心中感受到的情緒，然後讓受創的部分能夠表達自己。

使用感受字詞

設立界線最困難的環節有時候是找到合適的感受字詞來描述你的感覺，一旦找到適當的文字，你就可以明確表達自己。假設你因為某人沒有邀請你去參加聚會而感到難過，一旦確認這種「受傷」的感覺，你就可以向對方說：「你沒有邀請我去參加聚會，我覺得很傷心。」對方可能不知道你有這種感受，或是他們當時可能知道自己在做什麼。不管情況如何，重點是你已經說出心中的痛苦，也讓他們知道你的感覺。你不但挺身維護了自己，而且還使用了最恰當的語彙來替心中的情緒發聲。

當我們對某件事什麼都不說的時候，我們之後就會對這件事感到憤恨，甚至還可能在腦海中反覆重演當時狀況，繼續感到受傷——只為了循環這份痛苦。這是身、心、靈要我們去解決心中傷害的方法。我們不去處理某種感受的時間越長，它在我們內心發出的聲響就越大。

當我還非常年輕、剛開始學習表達自己的感受時，我不習慣用言語文字來表達，也沒有足夠的詞彙來辨別它們。在我相當不開心的時候，我不知道該說些什麼或是表明某種界線，因此我會慌張地表示：「我不知道我的感受，但這一切都讓我覺得很奇怪、很難過。」這些感受字詞相當不具體，但我還是設法讓別人聽到我的感覺。這是重要的一個環節，為了以最有效的方式表達你的感受，你要設下界線，然後再從那裡開始逐步做起。

這種方法不求完美，而是要尊重你的感受並讓它們有機會發聲。隨著時間進展，你的感受字彙和使用量會逐漸增加。如果你找不到與你心情相符的字詞，請參閱附錄A當中的感受列表，以獲取一份羅列感受字詞的詳細清單。

嚴重創傷與解離

如你所知，不良或不存在的界線系統通常是由缺乏健全情緒反應工具的失常童年家庭環境所導致。可悲的是，許多家庭的父母或監護人自己也受到非常嚴重的創傷，以至於他們無法為孩子示範任何實用的行為或界線，也看不到或無法理解小孩正在遭受的情感傷害，甚至他們本身可能就是孩童受到精神創傷的直接原因。由於這樣的忽視，身處此種狀況下的孩童在受到了相當深刻的情感創傷，並在成年後導致毀滅性的後果。

我們已經探討過，精神創傷對於每個人來說程度有別，以及它們是如何與我們本身的韌性和自我意識協同合作。嚴重的創傷——特別是反覆發生的——會在精神、情感、心理層面對某人造成深入核心的傷害。當這種創傷發生時，受創的人時常會自我解離以保護自己。你可以對我的身體為所欲為，但你無法影響我的核心。

解離（dissociation）是一種創傷反應，能夠幫助受創的人在心理和情感上「暫時放空」而無須應付該狀況的現實層面。為了保護自己，他們會下意識地埋藏自己的本質和感受，準備讓大腦斷線或進入幻想世界以求自保。從某種意義來說，這種反應是設立極端內在界線的一種，讓他們可以自行掌控而退回安全之處，也好比他們的心理和情感功能自行下線。在他們等待自己正在遭受的惡行告終的同時，他們會自我抽離並躲到腦中的另一個地方。

患有創傷後壓力症候群的人被觸發時常常會進行解離，光是與某人交談或是在電視上看到某些令他們想起原始創傷的畫面就足以造成觸發。他們的精神會飛往其他地方，因為在最初創傷事件發生的時候，這就是他們當時應對的方法。

當觸發因子發生的時候，尚未痊癒的受創大腦並非總是知道創傷事件是否已經結束。當某人被觸發時，他們會開始透過腦海的眼睛來觀看「創傷電影」，而且通常是從頭到尾看完。多數人都會極其詳盡地記得創傷記憶中的一切：四周的聲音、觸覺、情緒、當天是放晴還是下雨、別人的穿著，以及他們聞起來像什麼。

我能夠記得為了保護妹妹安全而把她從客廳帶回房間的每一個細節，因為我拚了命才做到這一點，而且對我來說也造成很大的創傷。即便我並未患有創傷後壓力症候群，但我仍記得十歲時這起事件的一切。並非所有經歷過創傷事件的人都能詳細回憶事發過程，有些人只知道發生了不好的事，但僅此而已。

如果你覺得某件事曾經發生在自己身上，但又無法確定，千萬不要強迫自己回憶這段經歷。當你的潛意識準備好將這份訊息釋放回意識中，那將會是處理和治療這段創傷的時機。強迫自己回憶某段記憶，可能會跟最初的事件一樣痛苦。要相信並了解如果你應該要記得這段過往，那麼你就會記住。

以下的故事是關於一位早年經歷過嚴重創傷的女性，以及她在孩提時代缺乏設立界線的能力是如何影響她的成年生活。她踏上了一段勇敢的旅程，而你將會明白一個人確實有可能自深刻的童年創傷恢復痊癒，同時得以了解童年創傷是如何跟隨她進入成年人生。她花了很大的勇氣和力量，才得以誠心且充滿關愛地慢慢承認發生在自己身上的痛苦往事，好讓她可以得到治療。這個故事令人心痛，但我把它收錄在內是為了告訴各位，人們確實可以療癒創傷，設立良好界線，並在經歷嚴重童年創傷後變得更加健全。

故事：瑪麗安的嚴重童年創傷

瑪麗安小時候是個乖巧的好女孩，但她的母親卻覺得她老是惹麻煩，而且不論她做了什麼，母親都會嫌她不夠好。她媽媽會把她趕回房間，跟她說：「在這裡待著，等到妳爸回來。」她會覺得自己是個壞孩子，即便沒任何壞事發生也會心情低落。

瑪麗安十三歲時被一位她信任的鄰居性騷擾，但當她告訴媽媽時，媽媽卻不相信她，事實上媽媽也從不相信瑪麗安說的任何事情，包括她被騷擾一事。她總是懷疑瑪麗安，也常對她不太好。身為一個聰慧的女孩，瑪麗安認為她只是需要再加把勁而已。

在她十六歲那年，高中裡的一位老師對她性侵，逼她不要告訴任何人，但她勇敢地稟報了校長和母親，但是兩人竟然都不相信她，而且媽媽也一如既往地懷疑她。瑪麗安開始認為其他人比她更了解她自己，儘管這一切對她而言根本就說不通。她還學會了自責、覺得自己很糟糕。

瑪麗安開始在學校裡作亂，向父母頂嘴，特別是對媽媽。十七歲時，她的父母不知道還能做些什麼，只好送她去精神病院治療三個月，因為他們認為她就是問題所在。她在病院中結識了一位大她六歲的男性勤務人員邁克。邁克不但迷住了瑪麗安，也相當討她母親歡心，後來他便告訴瑪麗安他們倆要結婚了。

邁克和瑪麗安在她高三那年、很年輕的時候就結婚了。她認為自己嫁給了一個很迷人、會對她關心和傾聽、並且理解她的男人，完全不同於她的父母和她一生中遇到的其他男性。然而她卻開始發現她的新婚丈夫極度自戀。

與大多數自戀者一樣，邁克的魅力和良善很快就消失得無影無蹤。他們結婚大約九個月後，他變得控制欲很強，脾氣也很糟糕。她被老公毆打之後，便會鼻青臉腫、血跡斑斑地去找她母親尋求幫助，不過瑪麗安的媽媽會說一定是她做了什麼惹邁克生氣的事，叫她應該回到他身邊。她媽媽又再一次地不相信她，她又再一次地責怪自己。一切都是她的錯。

在他們十年的婚姻中，邁克不斷對瑪麗安施暴，甚至還逼她去參加性派對，強迫她與其他男女發生性關係，然後告訴他過程來滿足他的性欲。他也時常揚言要殺了她，並且在他開車的時候，威脅要去撞水泥護欄。

任何事情都能讓他發火。瑪麗安會幫他煮好晚餐，但只要他挑出某個毛病，就會把碗盤摔在地上，要她收拾乾淨。他告訴瑪麗安是她活該，而且她也相信了。他對她語出威脅、百般毆打，操控她的情感，讓她覺得自己才是瘋子。此外，她還遭受了更多難以詳述的可怕待遇。

她深陷在一個殘酷的家暴局面而無法脫困。她把遭到虐待的事告訴了很多人，包括醫生和神職人員，但是在一九七〇年代，這些專業人士都對虐待視而不見。他們叫她不要離開她的丈夫，並且要努力改善她的婚姻，暗示她遭到虐待竟是她的錯。

瑪麗安於二十七歲在一位真心愛她的男人的協助之下，終於得以離開邁克。她形容這位男士是她「暴風雨中的燈塔」，但不幸的是，她卻沒有空間接收或容納這名男士對她的愛。雖然她最終還是離開了這位拯救她的人，不過回想起來，她依然十分感激他能幫助自己擺脫那段與邁克極度虐待的感情。

瑪麗安的自我價值感、愛、信任與尊重被徹底擊垮，長年下來的情感、精神、身體和性方面的傷害也令她疲憊不堪。她是行屍走肉般的受創者的其中一員。她的故事顯示了童年早期的創傷以及她對母親和自己本身的不良界線，是如何為她遭受性侵犯和成為受害者創造了條件。她的早年經歷使她在成年生活中變成自戀施虐者的目標，但正如任何孩子一樣，她的知識範圍有限，而且她知道的也真的不多。她不清楚自己的界線相當拙劣，她只是覺得她母親不聽她的話而已。她試著把一切都說給她那位情感無能的媽媽聽，但她母親的界線也很糟糕，只會責怪瑪麗安而已。

心理治療師羅斯・羅森堡在他的《人類磁鐵症候群：共同依賴症自戀狂陷阱》一書中寫道，像邁克這樣的自戀施虐者「擁有一種不可思議的能力，能夠分辨潛在受害者到底是病態的孤獨，還是被核心、真實或感知到的無助及軟弱信念所約束。他們會緊抓住任何一群人當中顯得較為孤立者，或是那些被他們的摯愛視為保護及關愛對象、但實際上卻不關心他們甚至時常搞失蹤的人。完美的〔自戀型虐待症候群〕受害者學會了反擊是徒勞無功的這一點，因為這樣做往往會使情況變得更糟糕」。

人們常會讀到像瑪麗安這樣的故事，然後納悶為什麼處在這種情況下的人不會乾脆一走了之就好，但是那些自尊心低和又沒有界線的人卻無法看到一條明確的出路。瑪麗安知道她受到的對待是錯的，也設法尋求成年人的協助以幫助她設下界線，但她努力求援的作為卻不斷受到阻撓。在多次嘗試後，她天生的自我保護能力逐漸被打壓，她也開始相信問題出在自己身上。長久下來，她覺得遭到這樣的待遇是她活該，然後就迷失在自己的創傷之中。

瑪麗安第一次來找我治療是她五十一歲的時候，她為人拘謹、有著憤怒的防衛心態、控制欲強、是個完美主義者、有嚴重的強迫症行為，而且只感受得到氣忿和恐懼這兩種情緒。她每天都呈現出焦慮和抑鬱的症狀，跟在工作上相識的人也保持著距離。她對別人只能設下怒氣滿滿的界線，因此她的醫生建議她來找我接受治療。

她對我說話時顯得小心翼翼，因為她沒有告訴任何人小時候和年輕時的經歷，畢竟她得知，述說自己故事沒有任何好處。她的界線系統嚴重失靈，並且有效地在自己週遭建立了一個極端的堡壘式界線。她躲在盔甲後面，把自己與其他人隔離開來，還將所有人都排除在她的生活之外。

療程一開始進展得非常緩慢，因為我必須建立安全感並贏得她的信任。我向她擔保我們會按照她的步調、以她的時程進行，而且她還握有主導權，因為她一生中的大部分時間無法控制任何東西。她慢慢了解到創傷反應的過程，以及對於某個擁有如此豐富的創傷後壓力症候群病史的人來說，她的創傷反應是如何再自然也不過。

在我們進行治療的頭幾個月裡，我發現瑪麗安是多麼地聰明，也看到她如何運用適應能力來讓自己倖存於這些經歷當中，並且把她的能量導引至其驚人的心智能力，用於整理數據、管理複雜交易，以及開發各種系統來處理工作相關的法條規章。我看到在瑪麗安憤怒的防衛心態背後，其實是個善良、周到、體貼的人。

隨著我們療程的進展，我發現自己一直在重複提起身心靈是如何對創傷做出回應的案例，不過瑪麗安的反應卻像是她之前從未聽說過一樣。她是位聰明的女性，但她卻無法記住我跟她說的有關創傷後壓力症候群、創傷反應和應對技能的內容。我終於意識到，每當她被一段她跟我說的往事觸發，或是當我提到某個令她想起創傷事件的故事時，她就會出現解離狀態。她在進行一段需要腦力思考的對話時，其行為舉止和言語反應都很正常，但事後卻什麼都記不得。當時的她正在解離中，腦中會重演與我們所提到的觸發字詞、聲音、故事或圖像相互對應的創傷事件。她在年幼時學會了這種創傷情緒反應工具，而且因為對她來說很有用，所以幾十年後仍在使用它。

後來瑪麗安漸漸能夠意識到自己何時會開始解離。我幫助她培養了一些能使她保持明智的技巧，令她可以保持注意力、不要抽離。（她會腳踏地上然後說：「我現在很安全，而且握有控制權。現在這些事並沒有發生在我身上，而且我相信自己能夠保護自己。」）她開始認得出不管在家中、在店裡、或是外出和朋友一起吃中餐時，自己什麼時候會進入解離狀態。這種情況發生的次數超出她的認知，因此她明白自己必須開發新的實用反應工具，來幫助自己在情感層面上變得更健全。

瑪麗安學會了相信自己，也懂得傾聽自己的聲音和自己的需要。她養了一隻狗，並且首度感受到無條件的愛。她不但明白自己是侵犯者的受害人而非問題所在，也學會如何與他人建立連結並發展友誼。她還參加了自助課程，開始愛護、信任和尊重自己。雖然這種對自己的關愛仍令她難以接受，但她每天都在進步。如果在她遭受創傷時有人相信她的故事、對她抱有信心，那麼她餘生的進展就會呈現截然不同的結果，故事也會迥然有異。

瑪麗安至今仍會解離，但其觸發因子通常與她在電影或電視節目中讀到或看到的東西有關。她能夠脫離解離狀態、意識到當下發生的事，然後繼續進行手邊的事務。她仍然會表現出強迫症的行為，但她看得出這些舉動的本質，我們一直在密切注意這些行為及其發生的頻率。

瑪麗安現在會運用她的言語來保護、表達和捍衛自己。她知道如果某種局面感覺不好或不舒服，她不但擁有保護自己的工具，也有權轉身離開。她選擇讓尊重她的人進入她的人生，而且她的人際關係也是互利互惠的。瑪麗安每天都展現了施行良好界線所帶來的力量，她也持續利用ＨＥＡＬ療程來幫助自己擁抱並轉化她的創傷。

（如果你是任何形式的虐待的受害者，請參閱附錄Ｃ的參考資源。）

在本章內容當中，你透過他人故事了解他們的受創幼童是如何變成受創成人的。挖掘背負情感痛苦的原因，可能會讓人感到害怕、不知所措，但了解自己的過去是很重要的一件事，這樣你就可以知道未來你想要前進的方向。

如果我們認為自己對痛苦的回憶完全無計可施，就沒有人會希望把它們記在腦海裡。承認自己所展現的力量、韌性和毅力能夠幫助你走到人生中的這一步，再再提醒自己，你比任何發生在你身上的事情都要更加強大。

瑪麗安安然度過了許多深刻的創傷局面，然後學會了如何茁壯成長以及愛自己。你也可以辦到。

第 5 章

展開 HEAL 療程

做自己是我們一生的榮幸。

——約瑟夫·坎伯（Joseph Campbell，美國神話學家）

治療迷惘的內在小孩需要時間、溫柔的呵護，以及學會愛護和擁抱受創的部分。在之前的章節中，你認識了何謂受創的內在小孩、創傷如何發生、觸發因子如何影響邁入成年生活的你，以及治療這些創傷為何能使你能夠過著更加健全幸福的人生。你已經揭開了童年時期的回憶和事件，它們為你帶來了核心創傷，至今仍在影響著你。你也了解為何你會有衝動反應，以及你部分的情緒反應工具是什麼。現在，所有的這些訊息和領悟都將派上用場。你在本章節中即將進行的深入自我探索，能夠助你療癒內在創傷並使你擁抱真實人生。

HEAL療程的目的是建立你與自己所有部分之間的信任和連結。

在展開HEAL療程的這個階段之前，有一項重點就是必須卸下某些對於這類療癒的常見防衛心態，這些基於恐懼的反對心理可能會阻撓療程、使你停滯不前。為了發揮療程的最大功效，很重要的一點就是你必須能夠辨別並有意識地避免以下的防衛機制：

- **視若無睹**——拋開你想忽視或淡化成長過程中困難或創傷經歷的誘惑。換句話說，不要把內在的痛苦視為正常。（「事情沒有那麼糟糕啦。」）
- **將不正常正常化**——抗拒心中想把不正常事物視作正常的衝動。（「每個人都被毆打過。」）
- **保護他人**——抗拒你想要保護父母、監護人、家庭成員以及其他人的衝動。這個療程的目的並非羞辱他們，而是在於敬重你自己。
- **否認自己可以得到療癒**——不要因為你無法改變過去就認為自己無法痊癒。（「如果我無法將它改變，為什麼要回想過去並檢視那段經歷呢？發生過的事情就已經發生了，我也無能為力。」）
- **避免不好的回憶**——你不該抱持不去探索痛苦回憶就能自動療癒的想法。治療自己需要勇氣，而你是完全值得的。（「那件事情我有一大半都記不得，而且我也不喜歡我能記起的那些部分，那幹嘛要去回想它？」）

許多人不想正視自己的童年創傷，因為這樣做很痛苦。如果你有這種反應，就可能是在劃分這些痛苦的經歷，假裝事情沒有那麼糟。

「結果我也沒有怎樣，難道不是嗎？」這樣的辯解給了自己一個藉口，讓你逃避感受或檢視自己的遭遇。然而正如你在先前的章節中所學到的，觸碰你所經歷的事件不會要你的命，雖然可能會讓你受傷或感到刺痛，但你遠比你認識的自己還要堅強，只要再加上一些自我呵護，你就可以完整無缺走過這段療程，心中更為舒坦。

如果你開始對療程產生抵抗心態，要知道這是正常的反應。承認這樣的防衛反應，然後允許自己回頭檢視童年時期的各個面向，看看它們如今會為你帶來何種感受。

你將在接下來的段落中創建一個時間軸，它會幫助你客觀地評斷你早期的創傷和特別突出的事件。這個勾勒你人生的生動藍圖將助你從不同角度看待自己和你的人生事件。

本時間軸會著重在出生到二十歲時的這段發展年齡，但無須拘泥於這個特定的年齡範圍，因為有些人在二十多歲甚至年紀更大的時候都還會碰上刻骨銘心的受創經驗，所以這不是一個明確或硬性的規定。然而早年時期往往是重大創傷對人們產生最大影響的一個階段，而且這也是這些終身受創模式被確立的時候。

童年時間軸

許多人都說自己沒有太多年幼時期的記憶，而這也是相當普遍的現象。大多數人都無法記得很多小時候或幼兒的回憶，但其實在非常年幼時，我們就會開始發展出兩種長期記憶：內隱記憶和外顯記憶。**內隱記憶**（implicit memory）是三歲前儲存在無意識狀態中的記憶。舉例來說，你可能不會記得每個星期六早上跟爸爸一起出去的具體行程，但每當你想起和他共處的時光，你就會覺得溫暖和情緒激動。到了三歲左右，你的大腦開始儲存**外顯記憶**（implicit memory），例如有意識地想起父親每週六早上帶你去吃早餐的情景、你們去了哪裡，以及是如何去的。

直到七歲之前，我們大多數的記憶都是內隱記憶，但三歲是外顯記憶變得更加頻繁的轉折點。多數人能夠回憶大概從五歲開始之後所發生的事件或情況，接著從七歲開始，孩子的記憶就和成人的類似。如果你的記憶有片段的空白之處，你可能使用了壓抑、潛抑或解離的方法來處理你的情感。你的記憶依舊存在而沒有消失，但如果它們沒有自然地浮現到你的意識裡，那就千萬不要強迫它們。

在創建你自己的時間軸之前，我們先來看看一個案例。

妮可是一位獨居的三十歲單身女性。與母親相比，她覺得自己跟父親比較親近，另外她也有一個跟她感情很好的弟弟。她從事一份專業工作，有著一些常常聚在一起小酌的親密好友。她在跟某人約會，不過不算是很認真的一段感情。

我們可以從妮可的時間軸看出，她年輕時發生的事件有好也有壞。她已經將記憶中所有較為突出的事件納入時間軸裡，並簡略地加以形容。

三歲：父母離婚
五歲：母親再嫁；情感上很難受的一段時光六歲：很開心的生日派對，我的朋友都到場了
七歲：父親再婚；情況好轉
八歲：開始在學校被霸凌
十歲：遇到我最好的朋友
十一歲：改讀新的中學，必須離開我的朋友
十三歲：第一次暗戀別人
十五歲：第一次做愛
十六歲：父親病得很嚴重，差點死掉
十六歲：拿到駕照後家裡的車撞毀了
十七歲：學校成績很糟糕；不想上學，覺得迷惘

十八歲：畢業了，但是人生沒有方向
十九歲：上了大學，但是很不好過；開始抽大麻並喝酒
二十歲：差點被當掉

這些描述足以喚醒妮可的記憶並且發現當中的一些模式。我們就來看看其中一些模式和較為突出的記憶：

五歲的時候日子很難過，因為她的父母離婚然後媽媽再嫁。接著生活穩定了下來，但在十六歲左右，當她的父親差點過世時，情況又再度惡化。十七歲的時候她再也不想去學校。她沒有自殺傾向，她只是厭煩了自己的人生。一切都讓她應接不暇。

我們可以看到，妮可早年的創傷大概是發生在五歲左右，當時因為母親再婚、繼父進入她的生活之中而使她在情感上變得很難過，然後在十七歲左右她開始覺得迷惘。五歲和十七歲這兩個在她時間軸上較為突出的情感時刻代表著她的受創年紀（age of wounding）。首先她可以特別關注在她內心的聲音感覺最為「宏亮」的受創年紀。

創建你的時間軸

現在就是深入探索自己的時間軸、辨別情感突出事件的時候。進行這個過程時請不

要著急，也要溫柔對待自己。記得要留下足夠時間，找一個不會被干擾或打斷的地方。你現在要進行一項極為私密且重要的療程，但話雖如此，千萬不要思考過多。這是你的故事，細節你都了然於心。

把筆記本橫向放置，在空白頁的中央從左到右畫一條直線，再畫記號標示從出生開始到二十歲之間的年份。接著閱讀以下段落來了解如何回想各個突出事件，然後開始書寫你的時間軸。

保持安靜，讓你的思緒漫遊，然後開始想像過往經歷有如電影一般一一呈現在你的腦海裡。當思緒流動時，記下一些特別突出的事件，然後在時間軸上標注每個事件的發生年齡，旁邊寫下簡短的敘述。有些人會將回憶非常詳細地寫出，另一些則是寫下簡短的註記。請採取對你有用的做法。

請不要因為你覺得某些事件不重要，或是這些事情大家都會遇到而將其忽略。或許情況確實是如此，但所有事件都會幫助你理解自己。就讓你的記憶浮現，然後繼續在時間軸上寫下這些事件。

某些狀況回想起來可能會讓你覺得不舒服，因此目前只要做個記號或是寫下足夠描述以方便在之後提醒自己。假設你想起七歲時有人很不恰當地觸摸了你，讓你覺得很噁心，那麼只要寫下「噁心」就好。現在做的這件事情並不是為了重新喚起你的創傷好讓這項練習得以完成而進行的，因此在這個過程中要對自己溫柔一點。

如果你在回憶這些事件時遇到困難，跟某位認識二十歲之前的你、又值得你信賴的朋友或親戚聊聊可能會有所幫助。如果你很放心，不妨告訴他們你正在做什麼，看看他們對你的早年生活是否有任何見解。他們可能會記得某些對他們來說很突出的事件，但對你而言只不過是平淡無奇的狀況。

繼續填寫你的時間軸。隨著你進入青少年時期，你可能會有更多訊息可以寫下，這也相當正常。

情緒反應評量表

時間軸填寫好了以後，就可以開始使用情緒反應評量表來確認每個事件對你引起的情緒強度。這項練習能幫助你更加完善地定義你對這些事件的感受。由於本練習是根據你的主觀評估來得到結果，因此重點在於承認並接受自己對每個事件的感受。這些評分將幫助你確定你的受創年紀。

情緒反應評量表的等級分成了 0 到10，其中 0 代表情緒強度最低（沒有特別反應、快樂或愉悅），10則代表情緒強度最高（極度羞愧或悲傷）。這些等級並不是用來評斷某事件的「好壞」，僅是判定你在回想該事件時內心情緒的強弱。

利用以下情緒反應評量表的各項敘述，你將評判時間軸上每個突出事件的情緒強度。

◎低強度（1-3）

低強度的例子：

- 這件事對小時候的我造成了很大困擾，但現在回想起來不會對我有影響。
- 當我回想起這個事件時，我多半都沒有什麼特別感覺。
- 這個事件是快樂且充滿喜悅的。
- 我不會去在意這段回憶，而是繼續往前看。
- 我可以和那些曾經對我造成傷害的人相處在一起，我已經放下過往、原諒他們了，這些現在都不是什麼大不了的事情。我曾經對這件事或這個人感到非常憤怒，但我現在已經克服了苦痛，而且胸襟也更開闊。

◎中等強度（4-6）

中等強度的例子：

- 我看到了一些我內心深知自己不太好的時候所拍攝的照片，但是我卻看起來很開心，所以對於自己「應該」要有什麼樣的感覺，我感到很困惑。
- 有時候我會對自己的遭遇感到不開心，但並非時時刻刻都這樣。

● 我有時候可以面對這些人或這些事，但並非時時刻刻都這樣。

● 這種類型的狀況（家庭關係或長期問題）仍然會對我的人生造成混亂；我很不喜歡這樣的事，因此希望它能快點消散。

● 我回想起這件事的時候會讓我感到刺痛，但是這種不好或羞愧的感覺時有時無。

◎高強度（7-10）

高強度的例子：

● 每當我想起這件事的時候，我會感到非常憤怒或是傷心難過。

● 每當我想起這件事的時候，我會退縮、變得非常安靜，並自我封閉。

● 如果我身處在某個特定地點或某位特定人士身邊、而會讓我想起我的施虐者的時候，我的身體會出現反應。

● 當我想起這件事的時候，我的心中會充滿羞愧和痛苦。

● 我希望這段記憶能夠消失，也想要完全抹除這個事件。

● 當我想起這件事或是被觸發的時候，我會解離或「放空」。（這是等級10的強度。）

檢視你的時間軸，然後在你回想每個狀況時，從0到10對情緒強度進行判定，並在該事件旁邊用彩色的筆或鉛筆寫下數字。這些資訊僅供你本人使用而已，所以要對自己誠實。

當你評估完所有事件以後，請再次花時間檢視你的時間軸。整體的等級數字為你的早年生活帶來了什麼啟示？每個事件旁邊是否標有許多低至中等強度的等級？又或是你給予很多事件中等到高強度的評分？這些等級數字透露了什麼樣的訊息？高強度的等級是否群聚在一起，或是分散在時間軸上？

請記住，這項等級評估的練習是用來衡量你生命中的事件，並讓你知道有些事件的局面相當激烈。它能助你判斷受創年紀，從而幫助你了解成年生活中出現的各種徵狀。

你的童年家庭

另一種檢視你人生頭二十年的時間軸和當中事件的方法，就是回想你的童年家庭及其所有成員，還有你們之間的互動模式。以下的敘述是基於情緒反應評量表所顯示、身在某個家庭中可能會有的感受，以及在該家庭的成長過程可能會以何種方式呈現在你成年生活的情感面和人際關係上。

◎低強度的家庭

如果你成長於一個整體等級為低強度的家庭，你對自己的感受可能多數時間都很不錯。雖然偶爾會發生一些令你不開心的狀況，但是卻沒有任何稀奇古怪的事，而且對於多數不愉快的事件你也可以一笑置之。

你不但認識了許多朋友，也能保持友誼，而且就算生活並不完美，快樂的時光也多於憤怒或傷心的時刻。你身邊一直有著個性平穩、充滿愛心的成年人，雖然他們也有自己的問題，不過仍有辦法調整自身情緒，並且持續關愛著你、幫助你反省自己。你人生中的這些大人使你感受到被人尊重、珍惜和理解。當你於長大之後回想起這些特定時刻時，你的內心仍可以感受它所帶來的溫暖餘暉。

在低強度家庭中的經歷可能會以何種方式呈現在你的成年生活：

身為成年人，當有事情困擾你的時候，你都可以和另一半或朋友聊聊、抒發情緒。童年經歷所帶來的整體良好感覺會延續到你的成年經驗中。你的成年生活會真實反映出你成長的童年和家庭環境是屬於哪一種類型。

◎中等強度的家庭

如果你成長於一個整體等級為中等強度的家庭，你可能會覺得家庭生活大致上還算可以接受，但並非總是感覺良好。發生於外在的事情並非永遠都跟內在相符，就像是鄰居們眼中的漂亮房子並不總是和門後發生的事件一致。你對自己感到困惑，心中認為「沒有人了解我」或是「沒有人喜歡我」。

在中等強度的家庭中成長，代表你的童年並沒有充滿著會反覆上演的情緒激烈或引發創傷的事件，但家庭生活偶爾會陷入不好的境地。在這個童年裡，快樂時光可能會被憤怒或傷人時刻掩蓋過去。雖然有些成年人會讓你覺得很有安全感且手握控制權，不過有的卻會令你感到害怕，讓你設法避開他們。

在中等強度的家庭中，父母、兄弟姐妹或其他親戚可能會出現酗酒、吸毒、賭博和其他成癮行為。

在中等強度家庭裡的經歷可能會以何種方式呈現在你的成年生活：

在經歷過這種類型的童年之後，你心中的傷痕會比朋友的還多，但大致上還過得去，而且大半時間的自我感覺也算良好。你在成年生活中可能需要或曾經服用抗焦慮或抗憂鬱藥物，甚或需要或曾經接受相關治療，但大體上來說這樣的需求並沒有一直持續下去。你或許可以維持長期的情感關係，但必須付出心力才能使其順利運作，因為有許多童年時期尚未解決的問題會被帶入成年的感情之中。

◎高強度的家庭

身在一個整體情緒為高強度的家庭之中，意味著童年生活總是充滿了混亂與不安。當時你的身邊可能會有個性穩定的成年人，但這樣的狀況並非經常發生。你總是在尋找能夠掌控局面的人，但是如果你找不到任何明智可靠的成年人，你就覺得自己必須負責並控制一切，因為其他人都失控了。你的身體經常出現毛病，像是頭痛、腸胃問題、緊張以及高度警惕。就算事態良好你也會心生戒備，因為你總是在等待下一次的爆發出現。

在這種類型的家庭之中，父母或主要的照顧者通常存在著混亂不堪、酗酒以及多重成癮的問題。照顧者經常深陷自己的問題當中而沒有時間照料你，因此長子或長女必須變得非常負責任，或者孩子們一個個都魂不守舍，紛紛尋找逃避的方法。

在高強度家庭中的經歷可能會以何種方式呈現在你的成年生活：

身為成年人的你曾多次嘗試心理治療，因為希望心情能夠好轉而反覆服用並停用不同藥物。你的早年生活和成年人生都令你相當困惑，因此你很想知道其他人如何能夠感到快樂。你很難和另一半保持情感上的親密關係，而且你一遍又一遍地被相同類型的人吸引，即使你知道這些人不適合你。你或許會說你不希望擁有一個像你成長時期那樣的家庭，但混亂似乎又無可避免。

舉例來說，我判定自己的受創年紀為十歲的時候，並且將那段把自己和妹妹帶往安全之處的創傷回憶評為10級的高強度情緒，因此我評估自己的童年家庭經歷是在中等強度到高強度的範圍裡。

請審視自己的時間軸、強度等級和這些關於家庭的敘述。你看到了哪些模式？你有沒有辦法從不同角度看待自己的童年家庭經驗？這些強度等級有助於說明並量化你的經歷，使你能夠客觀地認識自己的過去。我把它們列為參考依據好讓你知道自己並不孤單，也助你了解許多人有類似經歷。

你一直很辛苦地探索著自己的內心，或許是在尋找很久以來想都沒想過的事情。這種情感上的自我挖掘有時候真的非常沉重、令人疲憊不堪且難以承受。我們將會繼續深入探索，但現在先讓我們稍作休息，讓你的情緒喘口氣。

練習：你的藏寶盒

我們的情感寶藏並不總是閃閃發光。

我想要教導各位一種冥想和想像的技巧，在你回想過去的情感沉重時刻時會顯得非常有用，正如你在上一個練習中所做的那樣。

想像一下從你童年時期憶及的所有事情，還有存在於你意識當中的所有情感受創事件。把這些事情想像成散落在地上的小寶藏。當你開始與它們建立連結時，請記住你發掘的是裝滿在每個狀況當中的許多情緒。

想像地上有個藏寶盒與你散落的童年記憶放在一起。這個藏寶盒是一個安全的保護殼，當中容納了有著豐富情緒的各種事件，如此一來你就不會覺得自己彷彿是對外界敞開和裸露、赤裸裸地將情感呈現在外。這個藏寶盒會神奇地擴大，用以容納你即將放入的一切。

練習：你的藏寶盒

請拾起一份記憶，感謝它曾經出現在你的生命中。即使年輕的你在經歷時感到痛苦，但它仍是你寶貴的一部分，因為你的每個部分都受到了珍惜。拿起這個記憶，對它表達感謝，然後把它放進藏寶盒裡。

繼續將你的情感記憶一一放進藏寶盒裡，直到一切都蒐集完畢。一旦它們全都放進了盒子裡，就請把盒蓋闔上。

把這個藏寶盒放入你心中的安全之處，直到時機成熟時把它打開，輕輕地拿出這些情感記憶。或早或晚，你都會治療到包覆在每個較為痛苦事件之外的種種情感，但就目前來說，請先把它們放在安全的地方，好讓你在進行這項療程時能夠再次覺得自己完整無缺。

重大情緒事件

再度查看你的時間軸，特別注意你在情緒反應評量表上評為等級 7 到 10 的事件，這些正是具有高情緒強度的重大情緒事件（emotional standouts），也就是對你而言很難受且影響你人生道路的各種經歷。遭到觸發或回想起這些重大事件時，你會清清楚楚地記得它們，也會感到非常痛苦。請用螢光筆在你的時間軸上面標注這些情感突出事件，或是將它們寫在另外一張紙上。

你的受創年紀

在先前的章節中，我們提到了受創年紀（age of wounding），這是你在孩童時代所經歷的一個戲劇化或在情感上重要的事件，並且進而導致核心創傷。這個受創事件與事發時你的年齡產生了關聯，使得這份創傷被凍結在時光之中、受困在你內心的雪花球裡。我們來檢視另一個判定受創年紀的案例。約翰的父母在他七歲時離婚，但父母之間的不安和混亂狀況一直持續到他十二歲那年。這當中的五年是他生命裡一段情緒相當難受的時期，因為他總是不斷地往來於兩邊的家。當時的他還這麼小，根本無法應對眼前發生的一切，後來在這段時期的尾聲他也正開始進入青春期，使得他更加徬徨失措、困惑不已。

約翰對於七歲左右的情感記憶感到相當沉重，十二歲的也是相同狀況，因此當他回顧自己的時間軸時，很難決定何者給他的感受較為強烈。為了明確判定自己的受創年紀，約翰自問自己在七到十二歲的這段時期當中，受創最為嚴重的是在一開始他父母離婚時，還是十二歲母親再嫁的時候。他後來確認感受最為強烈的是他母親再婚時，因為和他向來親近的父親成為了無關緊要的背景，而且他還不得不稱呼另外一位男子為自己的爸爸。表面上看來，離婚似乎應該是情感上最為難受的那個部分，但實際上卻是他母親的再嫁。十二歲的受創年紀更為沉重地壓在他的心上。

要判定你的受創年紀，請看看你的重大情緒事件（即時間軸上的高強度事件），並且記下事件發生時期你的年齡或年齡範圍。創傷可能會有一個具體年齡，但你不需要精確指出，因為就像約翰的案例一樣，它可能會是一個時間範圍，例如七到十二歲。身體、精神、情感或性方面的虐待可能發生在為期多年的範圍裡或某個特定時間當中，所以把確切的年紀弄對並不重要，而且其實如果你在年幼時經歷了多次發生極端狀況的時期，你心中就可能會有多個部分承受著這樣的創傷。

許多人會直覺地認為某個年紀是承載他們創傷的時刻，但這不是一門精確的科學。打個比方，如果你一開始認為受創年紀是五歲，但在療程當中卻又覺得應該是更年輕或更年長的時候，那麼只要進行調整就好了。

在整段療程當中都要溫柔對待自己，因為這會激起很多沉澱在心底的情緒。如果你發現想起這些回憶超過了你的忍受範圍，那麼請尋求專業人士的協助，千萬不要強迫自己回想那些非常可怕的事情，也不要逼迫自己完成這項療程。如果確實有非常深刻的創傷發生在你身上，要知道如今控制權掌握在你的手中。當你還是個孩子的時候，你無法控制別人對你所做的一切，但現在你有這個能力。進行這個療程的步調快慢完全是由你來決定。

關於自己，你有著其他人所沒有的獨特智慧。

你因為自身經歷而擁有可觀的智慧。要知道自己的心中一直點亮著一盞情感智慧之光，因為過去的你曾經踏足自己內心的黑暗之處，並且度過這些痛苦經歷而從另一端大步跨出，讓現在的你有著更多見識。這份智慧對你的幫助超乎了你的想像。且看你是否可以施展你的內在智慧，引導自己完成這個攤開自我的療程。

尋找受創年紀的其他方法

要是無法確定自己的受創年紀，別擔心，還有別的方法可讓你得到結果。你可以檢視身為成年人的自己所使用的感覺、行為和受創情緒反應工具，參考這部分來判定自己的受創年紀。你也可以回想你在前面讀到的故事，了解案例中主角的那些行為和孩子一樣，並且明白這點通常與他們的受創年紀有關。

有時候當客戶告訴我他們衝動地發洩時，我會詢問他們感覺自己的年齡多大。他們每個人都能很快地辨別出一個年紀，像是：「當我放聲大吼時，我覺得自己就像是個小孩子一樣」，接著我就會問他們內心的那個小孩年齡是多少；或是你可能會發現，衝動的行為會讓你想起青少年時期的模樣。

這是一種反向工程，可以用來辨別你內心中的衝動、自私和受傷的部分。這種方法也可以用來理解在你成年的人際關係當中不斷出現的情感動態，以及它們如何與年輕時期相互對應。

你還可以請求你所信賴的人來幫你判定自己的受創年紀，同時助你發現生活中反覆出現的模式和主題（這個部分我們接下來會進一步探索）。記得當你向朋友詢問關於自己生活的問題時，要敞開心胸，不要害怕自己會變得脆弱，因此這樣做時也務必小心。如果決定要向他人打開心扉，請選擇一位會對你本身和你的模式給予溫和評估的親近好友。

當你感到安全和放心時，可以向朋友提出以下問題：

- 你常看到我有哪些行為，會讓我變得卑微渺小，並且會不利於成長？
- 我會被哪種類型的人吸引？
- 我會吸引哪種類型的人？
- 你眼中的我是如何對不開心的狀況做出反應？
- 當我有激烈的反應時，你會聽到我說些什麼？

- 你是否看到我把權力拱手讓給別人？
- 你通常聽到我在聊些什麼？
- 我是否一直在說同樣的故事？是否一再地抱怨某些事情？
- 我時常關注和重複什麼？
- 當我有某些特定行為或做出某些特定選擇時，你覺得我聽起來年紀有多大？

這些回饋意見可能很難入耳，但如果你選擇一個你信賴且熟悉你的人，他們可以為你提供一些關於你本身的見解，以幫助你縮小童年時受創年紀的範圍。

假設你的朋友表示你的舉止時常跟青少年一樣，當你請他們具體說明時，他們說你常常表現得像個十五歲的孩子，這時候請檢視你的時間軸，看看在你十五歲時生活中發生了什麼事情。有很多方法可以找到你的受創年紀。

要記得你朋友的回答會是他們的主觀衡量，甚至可能是一種投射想法，但它們可能會幫助你弄清楚你時間軸的某些部分或是成年時的觸發經歷。

重複上演的模式

如今你已經盡可能地回想並填寫你的時間軸，請看看你所記下的內容，你是否注意到某些年齡之間有著巨大的間隔？有沒有哪些年紀有不同事件聚集在一起？

你可能會發現時間軸上存在著一些模式或主題。有沒有什麼記憶是循環出現的？你的「重點回顧」當中有什麼樣的內容？有沒有哪些回憶是你無法忘記、無法克服，或是根本不想記起的？你能不能從這些記憶裡發現某種模式？

以下例子是你可能從時間軸練習當中注意到的一些模式：

- 感到悲傷、孤獨、孤立、做得不夠好或被人誤解。
- 吸引同一類型的朋友或人際關係進入你的生活（一些你總是在為其效力的自戀狂或是有控制慾的人，但他們永遠不知回報）。
- 感覺矮人一截；每個人都比你優越。
- 感覺被人遺忘，從來都沒有參與感。
- 覺得自己像受害者，把本身的痛苦歸咎於他人。
- 不斷尋求外界的認可。
- 變得憤怒，常常發脾氣，但內心感到受傷。
- 懷疑自己，把自身權力交給他人。

請注意你的時間軸所透露出的模式或主題，它們是指引你踏上療癒之路的線索，此外也要觀察你不斷做出的選擇。對於你的模式，你的朋友們有什麼樣的看法？

看看出現在你童年家庭中的主題。你的家庭是否尊重每個人設下的界線？你是否覺得和家人親近？還是每個人都像一座孤島，與其他人隔絕開來？是不是每個人都只管自己的事情？或是你的家人互相糾結在一起，每個人都知道每件事，甚至介入別人的事務？

當你覺得被觸發時，內心其實有某些部分需要獲得療癒。

你可能會在自己的時間軸當中發現被人遺棄或孤單寂寞的主題，又或許所有東西都沒有關聯，你只是經歷了各種隨機發生的事件而已。然而若是你更深入地觀察這些隨機事件，你可能會發現目前在你牛活中上演的人際關係動態和各種狀況，其實與你童年時的經歷類似。你感情中的另一半甚至可能與你高中時期感興趣的人是一模一樣的類型。我們都是慣性的動物，即便某種事情對我們很不健康，我們還是很容易會一再犯下同樣的錯。

你的時間軸當中可能會出現沒有任何重大事情發生的休眠期，雖然失常的家庭戲碼可能依舊上演著，但是被觸發的程度尚不需要你進行必須自我防衛。在休眠的期間，只要你需要，你的受創和實用情緒反應工具仍隨手可得。

或許你跟我一樣，有一位酗酒或是依賴酒精或藥物的父母，而你也學會如何刻意遺忘童年的部分時光。這種自我保護措施有助於我們應付那些使措手不及的時刻，同時也是我們推開痛苦回憶的方法之一。直至今日我仍無法憶及童年時期的某些段落，儘管我看過了相關照片，也知道那些經歷確實發生過。

你一直在進行一些艱難的療程，因此現在是個稍事休息的好時機。當我們重溫那些令人情緒激動的過往時，我們對創傷的反應通常是屏住呼吸，以利我們判定自己面對著哪種威脅，以及我們是否需要迅速採取行動。我們會利用上胸部來進行短淺的呼吸，用以加強給予身體和心理的訊息，告訴自己必須保持警惕，並且隨時準備戰鬥、逃跑或僵住。

以下練習將幫助你進行較深的呼吸，從而使全身放鬆。當你需要告訴你的身心靈，它可以放鬆、目前沒有任何威脅、沒有人在追著你跑、以及你可以安靜不動的時候，你都可以在任何時間及任何地點來進行這項練習。我會建議每小時做一次這樣的呼吸訓練，如果非常緊繃焦慮的話。

練習：簡單呼吸法

這套步驟可以重新平衡你的系統，對你心中的所有部分表示你是安全無虞、全然無須恐懼的。欣賞大自然或聆聽輕鬆的音樂可以增強這種體驗。請給予自己這份輕柔呼吸的禮物。

在安靜的地方舒適地坐著。閉上眼睛，將一隻手放在肚子上，然後透過鼻子慢慢地、深深地吸一口氣，接著輕輕用嘴巴吐氣。不要強迫自己呼吸，只需輕輕地透過鼻子吸氣，再用嘴巴吐氣，就像是你在輕輕吹熄蠟燭一般。你一開始可能會呼吸得比較快，但只要放鬆地照著節奏，慢慢呼吸就可以了。

如果我們真的愛自己，人生就會一帆風順。

——露易絲・賀（Louise Hay）

辨別觸發因子

觸發因子可能是行動、言語、人或事件，它們會開啟你的衝動反應，使你迷惘的內在小孩胡亂宣洩脾氣。辨認這些觸發因子是了解本身核心創傷的方式之一。既然你已經確定了自己的受創年紀，辨別觸發因子能助你立刻發現情感創傷是於何時出現在成年生活當中，這樣一來你就可以選擇成熟的反應來平靜內心中的這一部分，讓你負責任的成人自我能夠繼續掌握控制權。

觸發因子可能來自某種景象、聲音、氣味、觸感或狀況，它也可以是那些會立刻讓你感覺害怕、生氣、煩躁、羞愧、不受尊重、被人忽略、輕視或冒犯的人事物。

拿出筆記本，看看在第一章的「練習：你的衝動反應」當中，你所辨識出的受創情緒反應工具清單，然後利用它來助你分辨自己的一些觸發因子。

回想一個讓你感到不開心的情況，然後在筆記本上寫出以下問題的回答：

- 這種情況通常是在什麼時候和什麼地方發生？
- 這是某個景象、聲音、氣味還是觸感？

練習：辨別你的觸發因子

- 你的觸發因子是人、事物還是狀況？
- 這種情形發生的頻率有多高？
- 當你出現這樣的情形時，你立刻會有什麼感覺？（我馬上覺得……）
- 你身體的哪個部位會有這種感覺？
- 你會不會覺得自己想說些或做些什麼，還是想要變得非常安靜、逃避退縮？
- 牽扯到這種狀況的是不是同一個人或是同一類型的人？
- 這種狀況讓你想起了早年生活中的什麼人或什麼事？

不要過度思考這些問題的回答，你的第一直覺通常是與你潛意識相連的通訊熱線。你有沒有注意到答案中有任何特別顯眼的模式和主題？你在此處的答案相較於其他完成的練習有什麼不同？對於你在某些狀況下做出反應的方式、時間和理由，你慢慢有了更進一步的了解。你正在更深入地認識自己。

現在回顧你在第一章的練習當中所給出的答案，想想當你使用這些衝動反應時會發生什麼情況，然後在你的筆記本上，寫下一個發生於衝動反應之前的觸發因子。是什麼樣的狀況或事物會引起你的衝動反應？你會不會自我破壞、逃避，或是對其他人發洩脾氣？舉例來說，自我破壞可能會與感覺到有人正在批評你的這種觸發因子有關聯。如果你亂發脾氣，觸發因子可能就是認為自己被忽視。這是確定觸發因子的另一種方法。

假設你已經辨別出來，當你覺得自己被忽略或沒有受到他人認可時，你就會自我封閉及生悶氣。這樣的行為會讓你想起早年生活中的什麼情形？或許你曾試圖引起爸媽的注意，卻被他們忽視或不予理會。現在想想這個受創部分是如何出現在你的成年生活當中。這種行為會不會發生在你最親近的關係中，或是在朋友及同事之間？當被這種方式觸發之後，你會不會變得沉默？這種狀況發生時，你覺得自己感覺起來像是幾歲大？

現在思考一下，當這種傷害被觸發時，你會想要說些什麼或做些什麼。你或許會封閉自我或是想要大吼大叫、四處亂跑。你之所以大聲喊叫，是不是不想被人忽視？吼叫和暴怒是不是你的反應方式？這種衝動反應是否與你先前辨別出的受創年紀相符？請將你的答案留存下來，以備本章節之後的另一個練習使用。

當我長大成人後，每當我身邊有人生氣、憤怒、失控的時候，或是我處在一個混亂的情況下，我的受創年紀（也就是那個被困在雪花球中的十歲孩童）會再次想起童年家庭的遭遇，然後變得害怕以及受到觸發。

我會自我封閉、努力不出錯，試圖控制我的週遭環境。換句話說，我這個成年人在做的事情跟一個十歲小男孩所做的一模一樣。一旦被觸發，我的小男孩自我就會把成人自我推到一旁，然後往前一站、掌握控制權。這一切都是發生在無意識之間，直到我們辨別觸發因子、發現生活中的模式，並且療癒迷惘的內在小孩為止。

現在請花點時間探索自己的內心，看看那個受創的小孩多年來試圖用什麼方法來與你溝通。當內心的這個部分在感到害怕、恐懼、驚嚇、背叛或受傷之後而遭到觸發時，它會如何反應？直到你可以將觸發因子以及情感創傷之間的關係連結起來，這些行為和衝動反應都會一直持續發生。

如果你能透過這些練習而辨識出一些觸發因子那就太好了，但如果沒有的話也無妨。隨著療程的繼續進展，你將會更加了解自己以及激化你受創內在小孩的觸發因子，一切也會變得更加清晰明白。

在下個段落中，你將開始與你受創且迷惘的內在小孩進行對話並建立連結。這個部分的你埋藏在內心深處，但是正如你所學到的，當它被觸發時仍會現身來保護你，然後再次進入休眠狀態，等待下一次的觸發。

你接下來的目標就是要跟這個部分建立連結，讓它不再被人孤立或排除在外，也不再認為得不到認同。透過這個療程，你會學習如何找出自己這個受創部分的特點，以便與其建立連結。與這個受創部分產生連結的方法之一就是寫封療癒信函（healing letters）給自己，但我們先來看看茱蒂絲的故事。

故事：茱蒂絲，一位被人拒絕的青少女

茱蒂絲是育有一男一女的四十歲母親，她擁有一個可愛的家庭以及眾多好友，但她卻不甚開心，對自己也相當嚴厲。她告訴我她的童年過得很愉快、家中充滿了愛，而且她在童年時期也沒有經歷過創傷或任何非常糟糕的事件。由於她不是天生就會嚴厲批判自己或是對自己有負面想法，因此我向她詢問這些感覺是從何而來。她說她不清楚，還表示「就我記憶所及一切都還不錯」。

茱蒂絲上了大學、結了婚、找到一份工作、也生了孩子，然而她卻一直隱約覺得自己有地方不對勁，不管是對自我的看法或是與他人的互動方面都是。無論她有多麼成功、她的丈夫和孩子有多麼愛她，她都懷疑自己、覺得自己沒有價值、貶低自我，並且很想知道別人對她的看法。嚴以律己的她也從來不稍微喘口氣、放鬆一下，而且總是過度要求表現，試圖證明自己的價值。

茱蒂絲過來找我並開始HEAL療程。在療程中，我請她寫下她在童年時期學到的實用情緒反應工具，以及她對自己和他人設下的界線。她接著寫下了她對自己的看法，

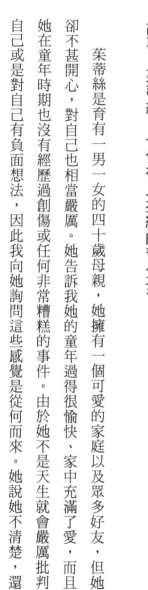

也辨別出每個自我看法和負面想法源自何處。她也寫下了從出生到二十歲的時間軸，好讓自己能夠發現那些導致自我價值感低落和負面看法的一連串事件。她的受創年紀就在此時顯露在她眼前。

即使茱蒂絲沒有經歷過任何創傷事件，但確實發生了某些事情讓她深感失望、影響了她對自己的感覺。在她十五歲的時候，她和她的閨密參加了啦啦隊選拔，所有女孩都雀屏中選，唯獨她一人沒有。她把這件事當作是對她的拒絕，並且深深地影響了她的自我價值和認同感。她覺得自己有問題，因此變得對本身更加嚴厲挑剔，也更會批評自己。關於自己為何沒有入選以及其他女孩對她的看法，她在腦中幻想出各種故事。她們還會喜歡我嗎？為什麼喬安娜沒有打電話給我？她是不是也把我甩了？我做錯了什麼？我能做什麼來讓她喜歡我？茱蒂絲從這次經歷中所感受到的拒絕對她而言是相當嚴重的創傷，使她極度缺乏安全感並且與真實自我脫節。

此外，茱蒂絲的完美主義者母親還會對她過分要求，使得這個最初的拒絕雪上加霜。她的母親會到處跟在她身邊，確保她的房間打掃得乾淨無暇以及她的功課和家務都盡數做完。如果有任何事物沒有按照順序完成或擺放在原位，她的母親就會對她大聲喊叫。茱蒂絲開始認為：「我真是個笨蛋。我真不該如此。那樣做實在太蠢了。」她的負面看法深深在她內心扎根，而且她母親只對她做錯之處指指點點卻鮮少提起做對的地方，更是加重了這種想法。

雖然茱蒂絲有一個愛她的家庭，但這種事事要求完美的程度卻是沉重負擔，使她開始培養出能力不夠的不安全感。她開始編造出她朋友不喜歡她的故事，而且當她無法達到完美時，她的母親更會使這樣的訊息惡化。為了應付內心起伏翻騰的情感漩渦，茱蒂絲培養出各種受創情緒反應工具，包括了完美主義、控制慾的行為、讀心術、過度補償以及猜忌懷疑。

茱蒂絲的十五歲自我帶著這份羞愧的創傷進入成年生活中。當茱蒂絲感到被人排除在外或是想像朋友不喜歡她時，這個受創部分就會搶先站在她成人自我的前方。她每天都會花上數小時的時間來進行腦補和編故事，並且一直納悶：「他還喜歡我嗎？他是不是在生我的氣？為什麼他沒有回我的簡訊？我為什麼沒有得到邀請？」接著她就會傳訊息詢問：「你還喜歡我嗎？我們沒事吧？我能不能做些什麼來讓情況好轉？」她的成人自我明白這種行為很荒謬，也知道自己有好朋友，但她仍舊擔心他們會拒絕她。她的受創年紀一直出現、瘋狂地尋求自己一切都沒問題的慰藉感。

每到最後，茱蒂絲的成人自我都不得不出面收拾缺乏安全感的十五歲自我所造成的殘局。她會重新振作、找回自己的重心，然後再度當個成年人。她會回顧受創自我所發出的簡訊或撥打的電話，因為這些舉止而感到慚愧和幼稚。縱使各種羞愧感層層堆疊，她卻不明白為什麼自己會一直重蹈覆轍。

藉由HEAL療程中自我探索的練習，茱蒂絲揭開了童年時期所形成的情感和思想模式，以及它們怎麼為她的不安全感和矮人一截的感覺埋下伏筆。她發現了自己的衝動反應和受創情緒工具源於何處，而且也覺得自己準備好將它們放下，然後培養出成熟、實用的工具。

當更強烈的自我意識出現時，茱蒂絲準備好與她的十五歲自己建立連結。在發現受創年紀，以及她是如何受到母親控制的影響之後，茱蒂絲寫了一系列的療癒信，分別是由年輕受創自我所書寫，以及由成人自我來寫給這個受創的部分。（你很快就會學到如何寫這些信件給自己。）透過這些信，茱蒂絲終於開始聽到並承認她的年輕自我以及痛苦。

所有受困在過往的那些感覺，茱蒂絲受創的內在小孩都勾勒出它們的大致樣貌。在經過一系列的信件來回之後，情感創傷的資訊都被揭露出來，並得到檢視、保存以及觀察，她的受創自我也開始培養出更宏觀的看法。這個年輕自我開始明白，自己並非充滿缺陷，一切都只是一連串事件所引起的假象。

茱蒂絲看到了這些童年事件是如何導致並支持她覺察到自己的錯誤，也就是「錯的敘事角度」。她還發現她母親只是在做她自己而已，卻也察覺她母親本身的問題大大地造成了她的不安全感、她亟欲控制一切的需求、她對自己和他人的不信任感，以及她認為自己還不夠好的想法。

透過以上療程，她對自己的負面看法減少許多，編造故事和腦補想法也逐漸消失，對於自己的看法更慢慢獲得療癒。她學會了如何使用各種實用情緒反應工具，像是深呼吸、讓自己冷靜下來、適時給予自己讚美，以及不用急著把房子打掃得乾淨無暇。

另外在她進行自我療癒的過程當中，她的丈夫注意到她變得比較少生氣，也更加放鬆。她還學會不能把自己的憤怒情緒加諸在孩子身上，而且本身的問題也不該成為他們的負擔。雖然她還是會生孩子的氣，但她現在也擁有更加健全的看法。她也不再迷失於重演那些童年舊傷的內在小孩創傷之中。她正在學習首先對自己更加友善，接著再同樣對待他人。

如今茱蒂絲感到人生更為自由，在她重新取回本身的權力時，她也覺得更像自己。她的丈夫很感激她進行了這樣的療程，並且發現她不再表現出以往那種焦慮和沒有安全感的行為。

寫封療癒信給自己

寫療癒信給自己是一種能立刻表達感受，與自己受創部分建立連結的好方法。這些信件是以意識流的形式書寫，也就是快速且不加以編輯或批判的寫法。採取這種寫作風格時，只要坐下來把所有感覺寫出，完全不必過度思考或預先構思要寫些什麼。內心的創傷需要被人聽到和承認，而這個方法可以相當有用也很有效率地達到如此效果。這些信件完全只是寫給自己看的而已。

撰寫這些信件的主要目標，是要跟心中背負創傷的那個凍結部分取得連結。一旦建立起彼此之間的關係，你就會開始看到、聽見並感受得出你的創傷如何出現在成年生活中。這些信函將能搭起一座橋樑，把你的凍結創傷帶到陽光之下。

這個過程聽起來很簡單，而且事實上也的確如此，不過它可以同時達到許多功效，並且在許多層面上發揮作用。相較於單純用頭腦思考或是靠言語表達想法，在寫了第一批信件之後，就能以不同方式來與自己的感受產生連結，同時也將允許自己充分且自由地表達長久以來遭到抑制或無法展現出的情緒。書寫信件是一種宣洩這些封閉且壓抑能量的安全出口。

在紙張上動筆寫字，可以帶我們觸及自己的內心深處，也在我們的意識和潛意識之間形成一座橋樑。當我們使用這種細膩的動作把自身感受寫出來時，我們便提供了一個讓內心釋放壓抑情緒的管道。

一旦把想法和感受都呈現在紙張上頭時，我們就能正面對待、並學會以一種全新方式來容納它們。這種做法需要極大的勇氣，這也是為什麼人們會延緩這種簡單練習的原因。然而你在這個療程當中都已經走了這麼遠，不能夠再繼續否認那些對成年的自己影響甚鉅的兒時事件。

請記得這些信件是一種重點寫作的類型。它們不是為了任何人，單純是為自己而寫的。請暫時將它們保存好，因為到了第八章時你將會回顧這些信件。

謹以謙卑的心，我臣服於自己的感受。

年輕自我寫給成人自我的信

你寫的第一封信將由年幼受傷的你寫給成人後的你。這種信件往來的目的是要將年輕自我所背負的痛苦、困惑、誤會、曲解和錯誤的敘事角度帶入陽光下，畢竟讓年輕自我陷在過往和防衛心態不斷的原因正是透徹觀點的缺乏，因此這種信件往來便是設計用來讓你明確指出問題有哪些，以及詳細說明它們如何陷入如此境地。負責任的成人自我接著就有機會做出反應、澄清誤解，並且給予年輕自我從未擁有過的關愛、認同、信賴以及尊重。

我發現讓內在小孩來提筆寫第一封信是比較有效的做法，因為痛苦正是藏匿於此，而且內在小孩將會向成人自我揭露這些情感創傷，好讓它能在回信當中加以處理。

在你寫下第一封信之前，或許閱讀一封範例信函會有所幫助。以下的這封信是我的小男孩自我寫給成人自我的。

親愛的長大後的我：

我已經十歲了，不過我覺得很難過，也有點不知所措。爸媽似乎每晚都在吵架，我又完全不知道該怎麼辦。我實在很迷惑，而且又累又怕，肚子還會痛。我想盡辦法當個乖孩子，甚至每件事都做到完美，但是一點幫助也沒有。我好想放棄或逃跑，因為我不知道該怎麼處理心中所有的感覺。

我會觀察他們的心情怎麼樣，不管說什麼或做什麼都試著不去惹他們生氣。但是我又覺得很困惑，因為有時候他們又很愛我也很有趣，可是其他時間又對彼此很生氣，還會對我大吼大叫。我有時候很想要朝這一切怒喊，有時又想當個隱形人。

我搞不懂所有事情，我只想跑回房間埋在枕頭裡哭，因為我不希望任何人看到我。我只希望能一走了之，躲開這一切。我已經受夠了。我不知道該怎麼辦，然後我現在覺得很受傷也很孤單，而且我也覺得自己孤伶伶一個人，又覺得永遠不會有人愛我。我覺得自己不討人喜歡，因為我做錯事惹他們生氣。我好難過又好生氣。

隨著我以小男孩自我的身分寫下這封信，我不禁掉下眼淚，心中充滿了難過、沮喪、氣憤和盛怒的感覺。我幾乎看不懂自己寫的字，因為我憤怒地振筆疾書導致字跡潦草。藉由書寫這些信件，我給了自己的年輕自我一個發聲的機會。我可以看見、聽到以及感受這些年下來所背負的深切痛苦。我把所有線索都連在一起，發現自己的年輕受創部分是如何藉由種種原因出現在我的成年生活之中，包括我想要控制他人的企圖、矮人一截的自覺、心中孤獨的感受，還有顯露自己怒氣的被動攻擊式作法。

寫下這些感受使我開始覺得自己有所改變，心中的情緒也能釋放。我學會了如何描述那些過往已久的感受，更感激它們能夠宣洩而出。我終於承認了困在心中的所有感覺，也因此得以使自己停用那些對我成年生活帶來負面影響的衝動反應。

開始動筆之前，千萬不要過度思考你即將寫下的內容。這是一段沉浸式的、反射性的體驗，只要讓文字自然而然地流瀉而出就行了。你的內在小孩有許多話想說，因此你無須編好劇本，就讓年輕自我把心中真切的情緒表達出來，也能讓成人自我在回信時作為參考的藍圖。

為了讓年輕自我寫出這第一封信，你必須進入受創年紀時的思緒及內心之中。換句話說，請開始回想起在那個年齡時發生了什麼事，以及當時你住在什麼地方、有哪些人在場、心情又是如何，最重要的是你有什麼感受，因為與此時的一些情緒痛苦建立連結是這項過程的關鍵所在。如果你只是膚淺地、不痛不癢地寫出這些信件，就不會得到你想要的效果。請允許自己把潛伏在心中還有這個受創部分的所有傷害、痛苦、憤怒、悲傷以及沮喪，通通都顯示在自己面前。

提筆在紙上書寫能夠使自己與潛意識當中的情緒記憶建立深刻的連結。當你在形容自己的痛楚時，用手中的筆來形成筆劃及文句以解開深深埋藏的情緒記憶，這個動作就是有種魔力。你的年輕自我在首度嘗試這樣的做法時可能會存疑，因此不要以為一口氣就能得到什麼重大突破。這第一封信將會奠定基礎，讓你在後續的書寫中不斷深入自己的內心。

輪到你了

找個安靜的地方來進行這項療程，但如果你在家中遍尋不著，那就請發揮一下創意。是不是有個隱密地方或後院能夠讓你獨處？在開始動筆之前，請先詳讀以下說明，這樣你就不需要在半途停筆。

先準備好一張白紙並檢視你的時間軸，然後辨別出你即將書寫的內容是有關哪個受創年紀及事件。接著閉上眼睛，請求那個受創部分形容它的感受，開始與你受創的內在小孩建立連結。接下來的問題能夠幫助你具體地想像出相關場景。

- 這個部分的你年齡是幾歲？
- 家裡當時的狀況如何？
- 有誰在場？
- 當下的場景感覺起來、聽起來或聞起來像什麼？
- 當下發生了什麼事？
- 你的感受為何？
- 這個部分的你一直隱藏了什麼祕密？
- 這個部分的你背負了那些深刻嚴重的傷害？
- 你的孩童自我想跟負責任的成人自我說些什麼？

當你準備好的時候就可以開始寫信，什麼都不要想，寫就對了。要逼自己一直動筆，想到什麼就寫下什麼，寫出來的東西不一定要合理，甚至你讀不懂都沒有關係。要飛快地動筆，不要修改或是擔心文筆不好，只要順著當下的感覺即可。（有時候人們會問到信件可不可以用打字的，雖然這樣當然行得通，不過這兩種方法當然有其不同之處。你可以兩種都試試，看看哪一個會為你帶來更為深層的結果。）

把感受和想法都轉移到紙上，時間花再久也沒有關係，在你覺得自己想說的話還沒說完之前都不要停筆。假如你的內心還有更多感受就請不停地寫下去，直到你想不出還有其他東西是你的受創部分想說或必須表達的。

不要急急忙忙地趕完這項練習，或是認為必須要趕快進入療程的下一個環節。你現在就是要溫柔地對待自己，再多的催促也不會讓自己更快得到療癒。

書寫信件能夠幫助你開始理解這個受創部分有什樣的感受和聲音，也能讓你開始辨別它何時出現於你的成年生活中。一旦能夠辨認你的受創部分想要做或說些什麼，以及哪些東西會觸發它，那麼你就可以立即處理自己的衝動反應。

如果你覺得自己不太會從年輕自我的角度來寫信，試著象徵性地寫給某位朋友或不知名人士，對他們形容孩提時代的創傷事件。跟該事件有關的情緒建立連結就是重點所在，因為這樣做會有助於下一個步驟，也就是你的成人自我回信的時候。

成人自我寫給年輕自我的信

你現在應該準備好要讓成人自我與年輕自我建立連結了。在理想狀況中，此時你的成人自我應該是懷著一顆關愛、照顧以及呵護的心，畢竟你才剛聽到你的年輕自我透露出埋藏多年的痛苦情緒。

正如你早就知道的，在你心中為人成熟、為了生活奔波勞苦、在這個世上扛起成人責任的那個部分，就是你負責任的成人自我，同時也是那個腳踏實地的自己。你的年輕自我必須聽從你呵護備至、負責任的成人自我，知道自己將會設下嚴謹界線，並且能夠應付一開始造成創傷以及觸發自己的任何原因。如果你的年輕自我不相信你，又或是你無法建立嚴謹的界線，那麼內在小孩就不會放下它的受創情緒反應工具。

就如之前一樣，有一封這種信件的範本會對你有所幫助。以下是我的成人自我寫給年輕自我的回信。

親愛的小巴比：

我真的很愛你，而且我也很驕傲你設法替爸媽和妹妹改善狀況所努力付出的一切。我知道目前的狀況一定讓你感到很困惑，不過儘管我深知你想要修復及改善一切、讓自己變得完美，這些卻都不是你的責任。你的任務就是好好當個十歲小男孩、做你妹妹的大哥、出去外面和朋友玩耍、處理好自己的家務，以及享受你的自由自在。爸媽和整個家庭對你的愛比你想像中的還要多，而且有時也比他們能夠表達出來的更多。

當你感覺迷惘、疲憊和難過的時候，要知道在我眼中的你是完美及完整無缺的。即使你覺得失落，你仍是這個關愛備至的大家庭的一部分，縱使家裡有時候會變得瘋狂古怪，不過裡頭仍然充滿著愛。

我希望你能明白爸爸是出於本身的痛苦和恐懼才對你大吼。他不知道如何以適當的方式表達他的感受，而且當他酒喝了太多時，他會變得很大聲又很可怕。你只要知道他是愛你的，而且當你年紀比較大的時候，你就能體會並收到他對你的愛，並且尊敬他為人的本質。

我知道你每晚都哭著入睡，還會因為壓力大而肚子痛，而且多數日子裡都很傷心、很迷惑。你終將能夠表達你的感受、讓別人聽見你的聲音，以及感到自己有價值。你會開始相信自己以及心中的感覺，這樣你就不必事事要求完美才能得到愛，也不用幫助其他人解決或改善他們的問題。

媽媽不會有事的。我知道你會在她看似難過或擔憂時設法幫助她，也清楚你會考慮她的過得好不好以及自己能做些什麼來幫她改善情況。你現在可能很難理解，不過媽媽跟你一樣正在努力讓事情變好。你正在從她那裡學習如何做個體貼、關愛和富有同情心的人，以及如何在爸爸或其他人不高興時緩和事態。

我希望你在心中能夠明白並感受到我一直在支持著你。我正在學習如何設置界線來保護你和我這個大人。你不需要拼命保護我、不必達到完美、不用設法讓別人感覺比較好過，也無須幫其他人解決事情。就讓我來保護你，當一個你一直以來都想要有個能夠照顧你的哥哥。你不是孤單一人的。

我愛你
成年人的我

深深吸一口氣。你讀完這封信之後感到如何？你心中有什麼樣的感覺？請特別注意這些感受，因為這些線索能幫助你更加了解自己以及你的創傷。

你能夠在我寫給小巴比的信件中發現「愛」這個貫穿其中的訊息。負責任的成人自我向他保證我設下了非常嚴謹的界線，而且他的心中也可以擁有自己的感受。你在寫信的時候，可以描述事情經過以提供背景資訊，但是重點要擺在當時的**情緒**，因為受創的幼童自我必須要得到情感上的認同才能展開療癒的過程。這樣做的話，你的內在小孩就會開始對你產生信任，也會逐漸明白你會一路陪伴他、不會拋棄心中的這個部分。請克制責備或批評受創內在小孩的衝動，也不要吩咐它該做些什麼才能解決所有問題，因為心中的這個部分為了設法改善失控的局面早就已經在超時工作了。它目前需要的是關愛、體貼以及認同。

在我們進入下一封信之前，以下是另一封病患允許我和各位分享的範例。

親愛的貝琪：

出於某些理由，妳從來都覺得自己不夠好、不夠漂亮或是不夠聰明，但我現在要告訴妳這不是真的。有很多原因會讓妳這樣認為：妳是被領養的、妳長得跟別人不太一樣、妳有著跟其他人格格不入的雙親以及一個不受歡迎又問題多多的哥哥，以及妳的友人都不知道該怎樣做個稱職的好朋友。我看到了妳的掙扎、憂傷以及孤獨，不過這些都沒關係。我知道妳會好好長大，並且在借助一些幫忙之下對自己更有信心。

我知道妳的朋友對妳不是很好，也知道妳的心中一定很困惑，有時還會認為自己有什麼問題，不過真實的妳並非如此。

妳所經歷的一切造就了妳自己以及現在的我，這些經歷也讓我能看清楚現在的自己以及我未來想成為什麼樣的人。儘管有多年的時間我都忽視了妳的感受並且把它們壓抑在心底，我能向妳保證我現在可以一步步地接近那個我期望成為的人，不但是為了我自己，也為了我的家人、我的孩子、我的社群，還有我身處的這個世界。

我看見了妳有多麼努力，以及妳多麼想要取悅他人。身為一個大人，我正在學習如何藉由自己的言行來照顧成人的我，這也會進而使妳感到更加安全、變得更為堅強。妳還在學習、進化，以及成長當中。為了我們彼此，我敢做出以下斷言：

「我相信我人生的進化過程，而且我現在就是我應該要有的模樣。」

貝琪的信件幫助她與那個仍然迷失在幼年失調感受和假象中的受創內在小孩產生了連結。她的成人自我跨越時間、在情感層面上與這個受創部分建立了關係。她提到了當時發生的一些困境，並且強調目前自己在情感上的處境。

貝琪的受創部分透過自尊心低落、情感封閉、避免衝突以及感覺寂寞孤立的形式出現在她的成年生活中。這封信件就像是寫給她年輕自我的邀請函，要她放下這些創傷的其中一部分，因為她的成人自我目前正在學習如何照顧自己以及為自己設立界線。她正試圖客觀地看待自己的情感以及當時的狀況。

首度要寫自己的成人信時，你或許不知道該從哪裡下筆。倘若情形真是如此，一開始可以先描述你的年輕自我在第一封信中提到的狀況，然後使用年輕自我所用到的感受字詞。你對年輕自我的遣詞用字重點要放在表達情感上的認同。

一旦知道要採用什麼樣的語言以及你想認可的情感，就可以準備寫信給年輕自我。你要解釋你了解整個狀況以及它帶來的痛苦，比方說，你明白這個年輕部分感受到傷害、悲痛以及背叛。你或許還記得自己如何盼望有個年紀較大的人可以向你解釋一切。當你向年輕自我寫這封信時，這就是你要做的事。

在開始動筆前，請記住這個受創部分需要從成人自我這裡知道、聽到以及感受到的關鍵重點：

- 承認心中這個部分所背負的一切痛苦和創傷，並且認同當時感受到的具體情緒。
- 讓這個部分知道在它痊癒並融入你的成人自我之前，你都不會忽視它或棄它不顧。
- 表明你會對自己和他人設立嚴謹的界線，藉此來保護你受創的內在小孩的一切。

輪到你了

和之前一樣，找個安靜的地方來寫信，接著坐個一兩分鐘，靜下心來，並且深呼吸幾口氣來放鬆自己。先從準備一頁白紙開始，以「親愛的小⋯⋯」開頭，然後告訴你的內在小孩你知道它渴望聽到的事。要讓心中的這個部分明白有人正在好好地照顧著它。

你的內在小孩或許需要從你那裡聽到許多寬慰的話，特別是如果你成長在一個極度失調的家庭中，或是經歷了多次背叛或嚴重的創傷事件。如果情況真如以上所說，那麼你的內在小孩一定有著很重的防衛心態。這個部分學會了如何保護自己，因此就算你安慰它一切都不會有事，它或許也不會相信你。請要有點耐心，由於這份創傷已存在多年的時間，所以它需要一些時間來處理這些痛楚。

最重要的是，不要停下筆來閉而不談，因為你本身就是療癒之路上的重要一環，所以不要讓年輕自我在掏心掏肺後被人棄於不顧。請從關愛、體貼、諒解以及憐憫的角度出發，寫給自己心中這個聰慧的部分。

動筆寫這些信並非易事，所以寫完之後可以到戶外走走、接觸大自然，還要攝取大量的水分。這些是能讓你腳踏實地的絕佳活動，能夠幫助自己心中感到更為踏實，特別是在你處理深刻的情感苦痛以後。

繼續進行療癒的過程

一旦與年輕自我進行幾次信件往來之後，問問自己這個心中受創的部分是否起了改變？它是不是在蛻變或進化當中？事情是否有些許更改，導致你開始產生了不同觀點？這些事件給你帶來的感覺是否仍像以前一樣強烈？這些情緒有沒有和緩，還是依舊如故？請重新檢視你的時間軸以及情緒反應評量表。事件的等級是否依舊相同，還是它們已經有所下降。

如果這些信件沒有對你的心境造成轉變，或許你必須更加深入內心，筆觸也要更為誠摯。如果你僅是觸及表面而沒有深入挖掘自己心中的苦痛，這個訓練就不會為你帶來太多改變。如果這樣做會讓你感到抗拒，那麼就要正視這個問題。你是不是想要再次感受這份痛楚？你是不是在擔心若你將苦痛療癒以後，就會不清楚未來人生是何等光景？溫柔地對待並觀察自己，而不是加以指責。

你或許會面臨到的一項挑戰，就是你仍在學習如何設立界線，但由於目前的功力還不夠，因此你不確定該如何撫平創痛。不過沒關係，我發現最重要的一點就是受創部分只是希望有人能聽見它、認同它而已。在你能夠妥善地設立界線之前或許得要假裝一下，不過只要你在信件往來方面取得進展，而且也可以愛護自己、保持堅強，那麼你就是在進步當中。

另一項挑戰就是你目前的感受或許跟年幼時相同，所以你不認為自己寫得出成年人的信，因為身為大人的你，感受到的痛苦跟童年時一模一樣。抑或是你可能會懷疑在自己還不確定事情是否會好轉的狀況下，又如何能讓你的幼童自我感到安心。但是只要記住一件事就好，由於你正在閱讀本書、進行這個療程，因此你確實已經知道自己的人生故事到目前為止的發展。

你的人生或許並不完美，但是不論童年時期有過什麼樣的遭遇，目前都已經事過境遷了。雖然你身上還是背負著當時的傷痕，不過這些傷痛的經歷並不會再次上演。如果你不確定要使用什麼樣的字眼，我建議你的用字遣詞以及出發點可以參考一位出現在你成長時期、受人敬重且慈祥關愛的老師或教練，然後延續其堅強憐愛的能量，轉化成你受創部分需要接收到的文字。

每個孩子都想聽到一切都會沒事，雖然大人們也沒把握，但是孩童可以將這份盼望寄託在成年人身上。成人能夠扛起做出這份保證的重責大任，因為他們會竭盡全力來為孩童做到這一點。這是他們最殷切的期望。

我要再次強調，請溫柔對待自己。為你的內心打開長年以來都沒人發現的出路是一個充滿魔力的過程，而且這段旅途也會帶領自己重新進入一個曾經熟悉但長久遭到黑暗蘊罩的地方。這種表達方法會自然而然地開啟一道裝滿各種豐富情緒的情感泉源，不過你必須開放內心、暫時讓自己變得脆弱才能接觸到這份寶藏。

故事：少年傑森的信

傑森是一位膝下有子的四十三歲已婚男性，他之所以來找我是因為他的婚姻不美滿。他和妻子在情感上絲毫沒有親暱的感覺，他會避免跟她談論事情，有時還會對她撒謊以停止任何爭論。

傑森已經允許我向各位分享他的療癒信函，以下就是他的十四歲受創自我和負責任的成人自我之間的來往信件，而首封信是出自他的年輕自我。

你好，長大的我：

天啊，最近發生了一大堆事情。我最好的朋友當中有一位在車禍中喪生，原因是他的哥哥酒駕，導致他們攔腰撞上另一輛車，然後衝出路邊、迎面撞上一棵樹，結果害死了我朋友和另一名乘客。我簡直不知該說什麼，心中受到了極度驚嚇，彷彿這一切都不是真的。不過我朋友的確走了，而現在我的心裡破著一個大洞。

我們幾乎每天都玩在一起，還討論過要組一個樂團。他甚至買了一套鼓，還送我一把破舊的木吉他，但現在這個樂團永遠組不成了。

我的家人似乎能理解我碰到的這件事，也給了我一些空間，不過我們從來沒有攤開來說，我猜是他們不知道該說些什麼才好。我覺得他們好像只是在一旁看著我，然後想知道我會怎麼做。

我還是有其他的摯友和一起瞎混的朋友。我們多半是坐在一塊兒，然後抽菸喝酒，做一些有的沒的。因為這一切，還有因為我不聽我媽的話和遵守她的規矩，她逼我搬去和我爸住，這也意味著我沒辦法和我的朋友一起讀高中。

我要去念一所每個人都認識彼此、只有我除外的新學校。我就像是個看不見的鬼魂走在走廊上，四處張望都是人們玩得很開心，男生跟女生閒聊還是什麼的。我會跟一些人說話，而且裝成一副很有男子氣概、什麼都搞得定的樣子。不過其實我一直都很孤獨害怕，這也讓我很生氣為什麼我要經歷這樣的事。我一有機會就會跟從前的朋友聚在一起，至少我還能做到這點，有時候啦。

和我爸住在一起有一些起起落落，不過終於能長時間跟他相處在一起感覺挺好的。我覺得他現在的確比較在乎我，而且我們共享了一些很愉快的時光，但我常常還是會覺得生氣難過。

我依舊會把自己關在房間裡，在我自憐自艾的世界裡放空發呆。有時候狀況還會惡化到我晚上哭著入眠，而且還盼望自己能當別人看看。我不知道為何這種認為自己有問題的感受會如此強烈，不過我的心中真的很痛。我覺得似乎沒人能了解我，而且對此我也無能為力。我好像應該假裝一切都沒問題，然後繼續過著我的人生，不過我只能設法孤獨自處，或是跟我的朋友混在一起喝酒、抽大麻，或是做那些被逮到之後會替我惹麻煩的事情。人生會不會變得更好？我到底會不會感覺好一點？

親愛的十四歲的我：

你失去了一個對你來說很重要的人，這是一個相當煎熬的狀況，特別是在似乎沒有人可以幫助你的情形下。

你的家人很愛你，而且已經在盡力做到最好了。不管你需要做些什麼才能完全感受到這份哀傷，都儘管去做吧。你沒有必要隱藏悲痛，也不用假裝自己沒事。另外再加上去讀新學校而且又不認識任何人這件事，天啊，這真是個很瘋狂又很難熬的時刻。

你要多稱讚自己沒有因此而完全失去理智，也要多讚揚自己有這份勇氣來做你必須做的事。

請記得就算你的家人不知道該說或做些什麼才能讓你比較好過，他們還是非常愛你的。你在心底很清楚知道自己是個好孩子，你只是需要相信自己值得被愛，也值得得到生命中的美好事物。

我覺得幸好傑森能允許我與各位分享他的信件往來，因為他在信中展現了誠摯的本性，以及他對年輕自我所被背負傷痛的親密連結。

在他寫給十四歲自我的信裡，你可以感受到一位大哥哥或人生導師所採用的語言，他的文字和觀點既仁慈體貼又清楚明白。此外他還表達了：「我了解你，也聽到你的聲音，而且我認為你一定會安然無恙」，藉此來讓他的年輕自我感到安心。他鼓勵了年輕的自己，叫他沒有必要受困在原地，並且能夠去感受心中的感覺、拋開部分的傷痛，以及在情感上成熟茁壯。

傑森後續還寫了更多來往的信件，用以幫助他受創的內在小孩進行療癒，並阻止出現成人生活當中、某些源於青少年時期創傷的行為。他的年輕自我以撒謊、逃避現實、被動攻擊行為，以及希望偷偷地取得控制等方式現身在成年人生裡。他嘗試過其它種類的治療，不過沒有任何一種能夠解決問題的根源。他目前的目標就是帶出心中的創傷，好讓他能夠運用成人自我理性且成熟的情感來加以療癒。

你或許能從傑森的信件中感覺到他的苦痛與誠摯，而這兩者也讓他的年輕自我得以療癒。與年輕自我建立這樣的連結，也能夠在你心中引起情感上的轉變。這就是僅為了本練習而寫信，或是為了使自己內心脫胎換骨而動筆，這兩者中間的差異。

你或許在想自己必須進行多少次這樣的信件往來。許多人會寫上四、五回，而我也發現對於幫助處理年輕自我所背負以及成人自我所必須面對的感受而言，這樣的來回數目相當能發揮功效。你信函的長度可能會有多頁或只有一頁，但我要鼓勵你不要只寫個兩三句就了事。

如果你在寫信時感受不到任何情感，只能陳述事實而已，你必須停止過度思考，多花點時間靜坐下來、讀取心中的情感，然後堅持下去（如果想不出適當字眼、需要一些提示的話，請參考附錄 A 的感受列表）。你年輕的受創自我一定有很多話想對你說，因此年輕自我若沒有進一步想藉由信件來表達苦痛的欲望，代表你已經釋放了所有堆積在出口的情感，內心也會感受到轉變。

把信寫完以後，現在的你感覺如何？在接下來的幾天裡，觀察你的年輕自我會如何出現在你的成年生活中。你只要繼續過著日子，然後看看能否在兩邊的情緒之間取得關聯，一邊是時間軸上的事件發生時的感受，另一邊則是你目前的情緒。學習為你心中的年輕部分專注傾聽，並且注意你用來向別人傳達你如何感受所選用的字詞。

請留意你在為某種狀況進行反應之前是如何地稍作暫停，也要留心當你的感覺不像平常的自己時——這代表著有某種改變正在發生。請花片刻時間來證實你從前會對觸發因子做出某種特定反應，不過現在卻能自行選擇回應的方法。你可以判斷到底是不是年輕自我正在搶著替你出頭，還是你的成人自我正在主導控制權、設立界線，並且向年輕的受創自我保證一切都會安然無恙。請記得，年輕自我不會自行拋下衝動反應工具，除非成人自我變成主導者，並且保護著心中的所有部分。

評估你的進展

到目前為止，你在深度治療方面已經取得了很大進展。我們就來花點時間進行盤點，評估你的進度並查看你的狀況。

當你在判斷心中的這個年輕受創部分會於何時並以何種方法來開始挺身站在你的面前時，你也正在用全新的角度來看待自己；你正在檢視自己的信件，以便聽到年輕自我對你說的話；你正在發現這個部分受困於何處；你也正在了解這個部分在尋找、期盼、渴求著什麼。你越能照顧到這些核心情感上的需求，年輕自我就越能開始進行療癒並融入成人自我，而這正是 HEAL 療程的終極目標。請仔細聆聽年輕自我想說的話，並且注意它的溝通方式。

你現在或許已經發現這個受創部分是難過的、孤單的、言語上是孩子氣的，甚至是個小毛頭。你或許也會發現這個部分是如何以耍脾氣、對人不理不睬、或試圖控制別人來表達自我。不論你的創傷是用哪種方法浮現，要記得那只是它設法引起你關注的手段，不過這點沒有什麼好壞之分。請允許自己只要靜靜加以觀察就好，並且要明白自己正在努力改造心中的這股情感能量。

這項練習將會幫助你更清楚地辨別每個觸發因子是源自何處、需要哪些東西才能加以療癒，以及如何為運用實用工具來制定計畫。

拿出你的筆記本，複習先前你在本章節「練習：辨別你的觸發因子」當中所寫下的觸發因子清單。在每項觸發因子旁邊標註它是源自何處，以及它需要什麼才能獲得治療。舉例來說：

觸發因子：不受到尊重。這個觸發因子真的讓我很困擾。它是源自於感覺沒人會聽到我的聲音或重視我。這個部分需要得到敬重並且被人聽到，我也必須對其他人設下更嚴謹的界線。

一旦辨別出某個觸發因子的出處，接下來就要想出計畫來讓負責任的成人自我

練習：培養實用工具來應付觸發事件

保有主導權。舉例來說，既然你現在已經十分清楚觸發因子出自何處、這些因子又是什麼、你對觸發因子有哪些衝動反應、以及你想要做些什麼來治療這樣的循環，你就可以跟年輕的受創部分達成協議，要自己變得積極主動來解決所有創傷。你正在建構一整套實用反應工具。

這份觸發因子清單以及你的實用情緒反應工具，將會幫助你的成人自我記得要做些什麼才能讓你每天都能照顧到自己的內在。越是能有意識地每日都開發新的實用工具以及應付觸發因子，你就能越快轉變自我、擺脫你與心中創傷的失調戲碼。起初，這會是你要隨時提醒自己進行的每日練習，不過一旦養成習慣，你就會覺得非常自然。

你現在在進行的情感轉變非常重要，不過內在苦痛或創傷所造成的陰影之後仍會偶爾籠罩在你心中，比方說你或許會大吼大叫、衝動行事、亂發脾氣，或是情緒不穩。但是這樣沒有關係，因為這代表心中的受創部分仍會遭到觸發。這個療程的目的並不是要你達到完美，而是在於承認並分辨哪些做法對你有效、哪些則沒有用處。

在對某個人或某個狀況進行回應後，問問自己這是否是當時你能做出的最明智的反應。你要看穿一切痛楚、失望以及傷害的表象，判斷出這些行為選擇的根本原因。如果情感和衝動反應仍持續浮現，你或許有必要寫更多封信，以便更清楚地了解創傷源於哪裡。要有耐心，也要堅持下去。

隨著你在ＨＥＡＬ療程中取得進展，你或許會發現在你解決了心中某一個受創部分的需求後，另一個卻又浮現出來，另外還伴隨著第二個受創年紀跳出來表示：「現在換我了。」

如果有其他創傷部位開始出現的話，請再次重複寫信的過程來解決這些新的受創感受。請留意你的年輕自我用來表達心中感覺的語言以及事件發生時的經歷，接著像之前一樣用溫柔的方式、慢慢花時間來進行回應。

也許還有其他你認為已經解決的問題會重新冒出，又或是這些過往模式和感受的浮現有可能讓你覺得你在走回頭路，不過這些只是老舊的情感程式在人生的不同階段自我執行。

它之所以再次出現，是因為在這個過程中還有許多面向有待探索。這種情形無關乎好壞，只是療癒過程當中會自然發生的一部分。如果發生了這樣的狀況，請重複你進行到目前的ＨＥＡＬ療程，然後揭開這樣的陰影。

藉由創建你的時間軸、劃分創傷經歷的強弱等級、判定你的受創年紀、以及和年輕自我進行療癒信件的往來，你已經在本章節當中對自己有了深入的探索。如果你完成了本章節的所有練習和步驟，那麼我要恭喜你做了這麼大的努力！如果你畏避了當中的某些階段，那也沒有關係，因為這種抗拒的心態只是對於未知疆域的恐懼而已。請堅定地走在自己的療癒之路，並且進行該有的療程，因為你一定有這樣的能力。接下來，一切都會按照時間和順序水到渠成。

你就快要療癒孩提時代經歷的創傷。你對自己的認知來到了人生當中的新高點，因此你也準備好要過著真實的生活。在下一個章節當中，你將要展開學習設立健全界線的過程，這也是治療迷惘的內在小孩的一大關鍵。

第 6 章 界線

你要愛自己，勝於愛你的小劇場。

——珍・辛塞羅（Jen Sincero），《相信自己很棒》（*You Are a Badass*）

在進行 HEAL 療程當中的最重要步驟之一，就是學會如何設置健全的界線。本章節的目標便是要讓你可以清楚地判斷你對自己與他人之間存在著什麼樣的界線。透過本章的練習，你將能夠判斷自己在哪些範疇施行了健全有效的界線，以及何處的界線是破損殘缺的，藉此來確定你的現況。

設置健全的界線是 HEAL 療程能夠成功的重要關鍵。建立實用的界線可以創造一個適宜的環境來讓療癒過程順利進展，還可以幫助凍結受創的年輕自我做好準備以融入負責任的成人自我。

設立界線是讓受創自我的內在成長，並且拋棄受創的防衛心態的銜接橋梁。一旦設下了健全的界線，心中的受創部分就能放下受創情感反應工具及衝動反應，並且融入負責任的成人自我。

界線能夠幫助你辨別出自己到底屬於以及不屬於哪種人，還有你想要以及不想要哪些事物。藉由設立界線，你將培養出這種辨別的技巧，並且發現自己有哪些層面是與真實自我相符一致。你也能夠辨識出不健全、模糊或不存在的界線，好讓自己得以看見有哪地方需要進行療癒。

和年輕的受創自我建立連結時，兩者之間會上演一齣複雜的情節：年輕自我想看看它能不能相信負責任的成人自我；心中的受創部分則是非常想相信負責任的成人自我，不過現實狀況卻是年輕自我在過去的幾十年來都必須在觸發事件當中主導控制，它將會持續使用受創情緒工具，直到信任感和連結感被建立，因此這正是你在前一章動筆寫療癒信的目的。你正與你的受創部分建立信賴與連結關係，好讓主導權的移轉以及雙方的融合能夠發生，而且受創部分也能學習相信成人自我。

負責任的成人自我必須始終如一，顯示它可以也必須跟喜愛辱罵、脾氣不佳、容易觸發受創部分的人們設立明確的界線。在此同時，成人自我也必須擁有明確的內在界線，並且清楚知道自己在想法、感覺及生活方面有哪些是健康且有成效的。

設立健全的界線

擁有界線即是代表某人能夠在身體、情感、心理以及性方面拒絕他人以保護自己，並且了解哪些人事物對自己有益或有害。不管在成長過程中，你的父母擁有什麼樣的界線系統，你長大後也很有可能會使用類似的界線。你曾目睹父母應對各種狀況的方式，包括他們是否輕言放棄、沒有堅守自己的界線，或者他們是否築起高牆、把他人隔絕在外——包括你在內，然後你也有樣學樣。你把所有這些界線反應照單全收，認為這就是你該處理類似情形的回應方式。

建立健全界線的重點就在於我們要清楚地了解自身的感受。我們越是能設立健全的界線，我們的看法就更清晰；我們的看法若是更清晰，我們心中的所有部分就越能感到相互連結、安全、以及真實。當我們設置了界線時，我們會感到自由自在、全然地融入真實自我。

當你設下界線時，你就必須要放下它所帶來的結果。比方說，當你說出「不，我今晚不想出去」時，你並沒有附帶任何條件或是設法操弄對方；你只是單純用言語表達你的感受而已。表達界線不代表你為人冷漠無情，因為冷漠無情應該是你停止去感受，或是以不健康的方式封閉自我、把他人隔絕在外。表達界線是在於跟你心中的所有部分完全連結，然後你能夠以此為出發點來判斷你對某種狀況、事件、評語作何感受，接著再決定這些感受會導致你希望做出什麼樣的反應。

> 擁有健全的界線代表著我們尊重自己（內在界線），
> 並且意味著我們會自己挺身而出（外在界線）

在其著作《面對共同依賴症：它是什麼，它從何而來，它如何破壞我們的生活》（*Facing Codependence: What It Is, Where It Comes From, How It Sabotages Our Lives*）當中，共同依賴症的國際知名權威琵雅・梅洛迪（Pia Mellody）詳細介紹了外在和內在界線，以及我們的童年家庭是如何造就了它們。她將界線系統形容成為「隱形且帶有象徵意味的『力場』，並且具有三種目的：⑴防止他人侵犯我們的領域並且傷害我們；⑵防止我們侵犯他人的領域並且傷害他們；以及⑶讓我們所有人都有方法來具體呈現我們對於『自己究竟是誰』的整體感覺」。

我們就來進一步認識內在和外在界線，以及如何設置。

設置內在界線

內在界線（internal boundary）為某項議題方面、你對自己的個人聲明或協議，你每天都會針對許多不同議題來做出這些無聲的聲明。你並不一定會和別人談論，因為那是你與自己訂定的內在契約。內在界線會幫助你為了自己負責。

範例：

- 我不會跟朋友去酒吧，因為我知道那裡的環境對我不好。
- 我不會對其他人大吼大叫、過度要求、欺瞞矇騙、怪罪責備、嘲笑奚落、羞辱貶低。
- 我不會過度在意別人的批評。
- 我會對自己誠實，接受自己脆弱的一面。
- 我今天要讚揚自己，如果犯錯也不會自我苛責。
- 我要信守對自己的承諾，每週至少去健身兩次。
- 我要去找治療師來幫忙對抗我的憂鬱和焦慮。
- 我要對他人保持嚴謹的界線，在必要的時候出言拒絕。
- 我要寫一本感謝日記，裡頭記載著我每日心生感激的事物。
- 我要更常微笑，並且練習尋找自己以及別人的好。

以上的範例為某人對自己的承諾，以及如何尊重和信守這些諾言。了解自己的人們具備著嚴謹的內在界線系統；希望別人來界定自己世界的人們則通常擁有模糊的內在界線系統，而且在做決定的時候也會雜亂無章。他們會給予他人權力來定義自己的內在現實以及自我認同。

設置外在界線

外在界線（external boundary）是你在面對其他人或狀況時所發表的聲明或採取的立場。當你對自己想要或不想要的事物在心中有著明確的認知，接著把這份明確的認知以簡單、清楚且肯定的聲明表達給對方時，你就有了外在界線。外在界線的聲明通常以「我」作為開頭。舉例來說：

- 我覺得很受傷，因為你把我排除在外。
- 我覺得我的個人空間沒有得到尊重。我不喜歡你站得離我這麼近。你可以後退一點嗎？
- 我很困惑你為什麼不來找我幫忙。
- 我覺得你不斷鄙視我的說話方式讓我很受傷。
- 我覺得我們的關係令人產生信賴和安全的感覺。

- 我很開心你帶我一起去旅遊。
- 我很感激也很高興你是我的朋友。謝謝你出現在我的生命中。
- 我很尊重你和你的私人財產，因此不會偷聽或窺探，而且我也要請你比照辦理（內在和外在界線）。
- 你要我做的這些性方面的舉動讓我很不舒服。
- 我會對你尊重，不會試圖控制你。
- 我會尊重你的拒絕，因此當我拒絕時請你也要尊重我。

內在和外在界線並非總是跟拒絕有關，它們也可以用來聲明你將會做什麼或同意什麼。

擁有嚴謹的界線意識能夠幫助我們自覺有能力、有智慧。

「我」的聲明

在表達界線時，很重要的一點是要發表「我」的聲明，因為表達界線並不是要責怪他人或使他人感到羞辱，像是：「你真是惹我生氣。你總是這樣做，不過從來都不會那樣做。」「我」的聲明則是設計來讓對方的防衛心態不要這麼重，因此才能聽見你的感受。

為了設置健全的界線，你必須審視自己在當下的內心，並且自問：「我現在對這個人、這個地方、或是這樣的狀況有什麼感受？」你的界線聲明就是你的直覺反應——如果你覺得這件事感覺起來好或不好，身體就會產生出實際的反應。但是有一點要小心，千萬不要推翻這樣的反應，開始替另一人的行為舉止找藉口。

如果你開始編造故事，代表你的創傷浮現，阻擋你設立界線。「嗯，他最近的日子不好過，我乾脆就先幫他做這件事吧。」或是「我並非一直都想拒絕她，因為我如果這樣做的話，她就不會喜歡我了。」大多數人之所以很難拒絕別人，是因為他們不想冒犯他人、不想要細說拒絕原因，或是想要取悅對方並避免造成衝突。

最難學會設置界線的人就是那些在一開始就說服自己不要設立界線的人。你要記住的準則是，如果你不喜歡做件事、不喜歡或不需要某事物，那麼就要說「不」。另外也要運用**辨別力**（discernment）來想出你要用什麼方式來設立界線。

在對我們別具意義的人際關係中，設置界線是一件較為困難的事。我們在這些關係當中投注較多心力，所以可能損失的事物也比較多。此時就要相信自己，也要相信這段關係以堅守你的界線。任何值得擁有與培養的人際關係，雙方都會有健全的界線往來。

那些對你的界線並不尊重的人，自己通常不會有良好的界線系統，而且還可能有自戀的傾向。

我們在職場上常常擁有比較好的界線，因為工作環境裡的規則比較明確，而且我們也清楚知道哪些工作是屬於自己，哪些屬於別人。

雖然許多人在工作時擁有良好的界線意識，但回到家後卻彷彿這些觀念都拋到九霄雲外。當我問到這個問題時，許多人都會回答：「沒錯，我在上班時會設置界線，不過在家就不會」，因此他們明顯知道自己有界線技能。但是在其親近的人際關係中，他們卻不想顯得太有控制欲、咄咄逼人、或是態度凶惡，儘管實用的界線設置絕不像上述的這些形容。

當的界線沒有受到遵循並敬重時，就會發生違反界線的情形。如果我們忽視或把自己的感受或打算說的話推到一旁，我們也會侵犯或違背自己的界線。

嚴謹的界線會幫助我們中斷那些破壞本身自我意識的不良循環。

以下是有關一位好男人的故事，他的內在界線不幸迷失了方向。

故事：伯納德，一位精神外遇的已婚男子

四十七歲的伯納德是一位事業有成的父親，他與其他女性有了精神上的外遇。他不知道自己為何會如此，而且也想要收手。雖然心中有一部分喜歡這樣的刺激與冒險感，不過他事後仍會陷入羞愧的漩渦，不但後悔自己精神外遇，對妻子和家人也懷抱著罪惡感。伯納德的妻子不知道先生對她不忠，而且雖然他仍愛著老婆，但兩人在情感上卻不甚親密。

伯納德回顧他時間軸上的主題和模式時，開始發現小時候被人拋棄的所有經歷。他的父親在他八歲時離開了他母親，因此在他心中留下一個巨大的情感黑洞，而且此後在他的大半輩子中，他也一直覺得空虛、心中被剝奪了情感。他曾藉由結婚生子來盡力為自己創造一個完整的人生，但心中仍感到一片空洞。

伯納德在歷經了HEAL療程後，發現他的八歲受創小男孩自我只是想得到父母兩人完整無缺的接納、關愛、呵護，因此他在成年生活中一直無意識地追求著這一點。他開始發現自己不斷精神出軌的主要原因之一，就是想要感受到接納和愛護，並且填滿心中的空洞。

在與妻子結婚之後，伯納德從她身上得到了這種感覺，也因此歡喜若狂。雖然太太給了伯納德他畢生都在尋找的東西，不過在他們的孩子出生之後，她卻將所有感情關注都放在小孩身上，沒有留下半分給他。伯納德明白妻子仍愛著他，不過他卻覺得被棄之不顧，就像兒時的感受一樣。他的受創小男孩自我就在那時開始再次體會到同樣的悲傷、寂寞以及孤立的感覺。

於是他開始從其他女性身上尋求關注。每次外遇的開端都單純無害，雙方有著共同興趣、偶爾調調情，然後就迅速發展成互傳簡訊，接著是色情訊息。伯納德並未察覺到自己掉入無底洞，而且每次都越來越難以脫身。

在他來找我的療程當中，他一開始表示他只是互傳性愛簡訊而已，而非真的發生關係。我們談到了他是如何將自己的行為輕描淡寫以及合理化，我還向他問到如果他在傳性愛簡訊的同時他妻子就坐在他身邊，他會不會給妻子看他在做些什麼。「嗯，當然不會」，他這麼回答。接著我向他解釋，如果他不想讓太太看到或知道他的所作所為，就算他並沒有發生性關係，他還是對婚姻不忠。就深層方面來說，他違背了自己所珍惜的事物——他的妻子與家人，只是為了滿足他迷惘的內在小孩的情感需求。

伯納德開始發現自己正在創造各種精心設計且祕密的方法，好讓自己從他人身上得到愛與關注，並且將自己的所作所為合理化，也沒有自行產生對自己的關愛。他所依靠的是來自外界的愛，因此總是需要尋求新的來源。他所使用的情緒化推理以及拒絕承認也是源於一個自覺情感上被拋棄的小男孩，然後惹出來的後果卻必須要由他的成人自我來收拾。

伯納德利用寫信的練習來給予他八歲的受創小男孩一個發聲的機會。在他動筆寫下多封來往信件的同時，他開始清楚發現這些年來他在情感層面上需要的東西。他了解到由於自己的最初創傷，他變得依賴著來自外界的愛和關注。他還看到了自己背著妻子創造出一個祕密人生，用以滿足情感上的需求。事實上，他甚至發覺他是因為太太把愛都給了孩子而非自己而對她進行報復（這是一個八歲大孩子的情緒反應）。他明瞭自己是只是在對小男孩自我的情感需求做出讓步，而非療癒核心創傷，使得本身一直受困在自己的創傷當中。

伯納德發現他心中的受創小男孩是如何搶在自己身前做出可能破壞婚姻的決定，他因而受到驚嚇、希望能夠治療這個陳年已久的創傷。他看到自己竟然把這麼多的權力交付給他的八歲自我，也發現這個年輕自我是如何一直在使用小孩子的情緒化推理。一旦他清楚看見了自己對婚姻不忠的全貌，他也不再試圖把這件事合理化或大事化小，而是全盤承擔起所有責任。

伯納德開始建置內在界線來強化對自身有益的行為，像是關愛及呵護自己，然後設下明確的界線來防止無益的舉止，比方說背著妻子與其他女性聊天。他也承諾刪掉手機上用來結識女性的APP，並且斷開互傳簡訊或鹹濕對話的關係。

透過HEAL療程，伯納德得以發現他的年輕受創部分是在何時並用什麼樣的方法遭到觸發的，並且他也制定計畫來處理這些觸發因子。當他的受創自我被觸殺時，他會停下手邊的事，承認當下的感受，然後用關愛溫和的語氣對自己說：「我每天都受到家人和朋友的關愛。我值得被愛。」他學會了如何利用充滿愛及肯定態度的語言來呵護自己。

如今伯納德已經對他的情感需求有所了解。雖然他選擇不把這些情感出軌的事件說給他太太聽，但是他的確開始對太太述說心中寂寞與孤立的感受。他妻子完全不知道他會如此感覺，而且因為她愛著丈夫、不希望他受苦，因此心中也相當難過。她沒有意識到自己竟然花了這麼多精神在關注孩子方面，也沒有察覺到她先生的感受。

伯納德很清楚地對妻子表明，他有多麼感謝她為孩子、為他本身、以及為了兩人共同生活所做的一切。他不願意讓太太認為他把心中有此感受的原因歸咎給她，也不希望她覺得因為自己愛孩子而在某方面出了差錯。他們倆在溝通上也做了很多努力，而且這對伯納德來說也分外輕鬆，畢竟他已經學會了如何碰觸並形容自己的情感。由於他當時正在學習如何把自己需要的愛給予自己，因此在情感上也不像以前那樣如此仰賴妻子或其他人。伯納德算是相當幸運的一位，因為他在自己的情感隨意發洩而快要破壞婚姻之前，就著手解決了這些問題。

另外值得一提的是，在我多年的研究當中，我發現關於一個人是否應該將自己外遇告訴另一半的這一點上，在心理治療師之間存在著很大的分歧。某人或許會問道，如果他不告訴另一半的話，他是否會平添自己隱藏起來的羞愧感，因而可能導致自己再犯？這是一個很合理的疑問。就專業上來說，我會遵從患者的意願。就以伯納德的案例來說好了，不對妻子公開他的外遇行為是他本人的選擇。不過我也發現了他在自我探索上的進步以及治療方面所下的功夫，這兩者都從本質上對他的情感面進行了改造。

伯納德由裡到外逐漸得到療癒，他正常運作的成人自我能夠看到並感覺到他的所作所為替他帶來的痛苦及羞愧，以及這一切是如何漸漸溢出、影響到他和他太太的感情。與其被深深埋在這些感受之下，他的負責任的成人自我得以轉為利用它們，替自己也替他妻子設置更好的界線。他運用了這份羞愧來治療並轉化自己，而不是任由它腐朽潰爛而變成有毒的東西。他藉由發現並運用自身的復原力來給予自己他最期盼的事物，因而改造了這種原本是自我毀滅行為的惡性循環。他的身上一直都潛藏著這樣的能力，HEAL療程只是把它引出來、帶到表面而已。

伯納德承諾他會盡自己所能來療癒心中的這個部分，好讓自己不會重蹈覆轍。他不但向太太坦承他的感受以及他有多麼愛她，現在也會表達自己的需求並且遵守他對婚姻許下的諾言。他選擇了融入他的成人自我並且過著真實的生活。

設置負責任的界線

在這整個療程當中，你的目標是要治療你內在小孩的創傷、讓迷惘的內在小孩融入到你的成人自我當中，並且擁抱真實的生活。對於這樣的結果來說，設置負責任的界線其實就跟與你的內心情感和年輕自我產生連結有著相提並論的重要程度。擁有良好的界線將會幫助你在自己心中以及人際關係上抱有安全感。

多虧你在第五章當中所做的練習——創建時間軸、辨別觸發因子、以及動筆寫療癒信，你的受創部分正開始融入負責任的成人自我當中。你的成人自我目前正在學習為了感受到力量、保護、目標以及代理而尋找你的界線聲音。你的受創部分必須知道當它受到觸發、情感脆弱的時候，你能挺身而出、仗義執言，包括在你意欲拒絕時使用說「不」的界線。

當你意欲拒絕時說「好」。

請你回想某個狀況，你的朋友拜託你做一件你不願意做的事。你不想讓朋友失望，於是就答應他，但心中的自己卻是呼喊著：「不要，我才不想這樣做！」從答應的那一刻起，你就違背了自己的界線。你違背了自己心中的意願和感受，也就是真實自我真正想要的東西。

當我們忽略自己並與自己相互牴觸、當我們的內在感受與外在行為並不相符，我們便產生了衝突，並且違反及不尊重自己的界線。當你違背自己、在意欲拒絕時答應別人，你唯一成就的事物就是暫時避免了尷尬的狀況。你避免說不、讓你的朋友失望；你避免看到他們臉上掛著失望的表情；你避免讓自己覺得像是個差勁的朋友一樣。

你得到了暫時性的解脫，但是你一答應對方而非尊重自己的「不」的那一刻，你便開啟了對自己、對朋友、以及對這整個活動或事件的憎恨循環，而且未來還可能開始害怕參加這些活動。如果你無論如何還是跟朋友一起出去，你有可能會開始責怪自己或感到生氣，之後則是怪罪自己竟然花了時間和金錢去參加。這是一種惡性循環，而且全是因為你不尊重自己、選擇了簡單的出路。

你因為不想讓朋友失望，因此一開始就避免說「不」，不過也同時讓自己灰心。你為自己的選擇所付出的代價就是怨恨自己當初何不拒絕，不然就可以避免這種狀況，接著事情也能告一段落，你也可以繼續過日子。沒錯，你的朋友或許會很失望你不能跟他一起去，不過你就不用為了這件事而背負著憎恨的情緒，更不用說這是一種很難調解的沉重情感包袱。藉由說「不」，你原本可以避免這整個惡性循環，不過我知道這說起來簡單，做起來卻不怎麼輕鬆。

不管在事前或事後設下界線，你都要付出代價。你要麼不是在事前表達你的界線，然後其代價是讓朋友失望；要麼就是跟朋友一同前往，百般不願意地去做那件你出言答應的事，接著付出後悔和怨恨的代價。

萬一你不想做某件事，但為了表達體貼或同情而答應去做，這時該怎麼辦？當這種情況發生在我身上時，我會有意識地承認我是違背自己的界線系統而前往的。我會對自己說：「我知道我不想做這件事，但是我愛她，也想幫她的忙，而且我也明白她真的很想要我跟她一起去。」嚴格來說，這麼做是違反我對內在界線的協議，不過我是有意識地無視這個協定以便幫助朋友。不過我不能老是這麼做，因為如果我一再如此的話。我很快就會退回到毫無界線的狀況，然後憎恨循環也會重新再起。

表示「拒絕」的肌肉怎麼了

你一直以來都有拒絕的能力。還是嬰兒的你若是不喜歡某種東西的話，你會把它推開、吐出來、開始大哭，或是出現其他舉止來告訴身邊的人你不高興。作為一個小寶寶，你擁有完整無缺的身體界線，但是在嬰兒時期對你來說再自然不過的事情對於現在的你卻可能相當困難。一些幸運的人學會了如何設置健全的心理、情感、身體和性方面的界線，但我們大多數人卻沒有。

每當我們沒有表明自己的界線，
自我價值感就會慢慢削弱。

我們表示「拒絕」的肌肉到底出了什麼問題？我們學會推翻它的指令。我們學會當好人、對他人讓步、懷疑自己、優先考慮別人、對自己不尊重。透過了各式各樣的人際互動、方法、管道以及受創衝動反應，我們學會了無視自己天然的直覺。

舉例來說，如果你告訴爸媽你的小肚肚會痛，他們可能曾經說過：「你沒事啦，出去玩玩就好。」就在那個當下，你表達自己不舒服的外在界線聲明就會立刻失效。你因而學會了懷疑自己、對自己無法完全信賴、並且質疑你對於自己實際感受的內在界線。

就在你忽視本身直覺的時刻，你學會對自己表示你不可以相信自身的直覺、不可以信任自我。當這種推翻自己的想法反覆上演，忽視內在界線的模式就會開始出現。我們都知道父母的本意是為了孩子好，不過他們很有可能會在小孩身上造就一輩子的自我懷疑。推翻自己及自我懷疑的創傷就是如此開始的，也就是當這樣的模式被烙印在你心裡時。

如此的自我推翻加深了小孩子沒有自我保護聲音的想法，並且確認了不管孩童做了什麼、對他們的辱罵或某種狀況都會照常發生的觀念。這種後天習得的無助感接著被帶進成年生活中，不但可能引起在成人關係裡可以被接納的言語辱罵的模式，而且還會導致某人視自己為受害者的狀況發生。缺乏界線不一定代表某人在其關係中就是受害者，不過他們較有可能不會站出來為自己發聲。

當你反駁自己的內在聲音，你就是在表示自己不重要、其他人比較要緊、他們對你的想法比你對自己的看法還要珍貴。當你這麼做的時候，你就是不尊重自己、違背自己的內在界線、以及否認自己的感受，並且還在削弱自己的自尊與自我價值感。如果你長時間下來一直反覆這樣做，你的自我意識就會降低，而且你的真實自我也會覺得彷彿它一點聲音也沒有。

如果童年時期的你常常推翻或懷疑自己，到了成年時，你的真實自我就會深深覺得自己沒有用。我曾經碰過一些人深有此感，而且還非常習慣於望向他人來看看對方需要、喜歡或想要哪些事物，以至於他們完全忘記或不知道自己的喜好。這是個非常極端的例子，不過你應該可以了解你越是違背自己來答應別人、而非表示拒絕以尊重自己的內在聲音，你就越會失去你的自我意識。你的真實自我需要某些東西來讓自己再次感到完整，因此設置健全界線的重點便是在於對這些事物表達尊重。

我們就來看看你目前可以開始實行的一些具體的健全界線。請先從回顧你在第一章「練習：你的衝動反應」的回答開始，這些都是你在使用的受創情緒工具。在接下來的列表當中，請找出最符合你的衝動反應的事項，然後記下相對應的健全界線反應。挑出一兩個與你的創傷有關的健全界線，然後開始練習。

- 如果你把你的權力拱手讓給別人，那麼健全的反應是想辦法收回。
- 如果你為了不讓別人生氣而答應對方，那麼先練習說出一些小小的「不」。讓對方感受他心中的感覺。
- 如果你試圖控制他人，問問自己有哪些事物是你不信任的。接著對自己表示肯定：「我正順著人生的律動生活，而且跟他人相處時我能做真實的自我。」如果你試圖操弄他人，問問自己有哪些事物是你不信任的，然後審視自己的內在界線。如果你在測試他人，問問自己你不愛自身的哪些部分，然後對自己說：「我正在學習愛自己。」
- 如果你在假扮受害者，問問自己是不是為了得到他人關注。實際上的原因又是什麼？對自己說：「我正在學習承認並接納自己的所有部分。」如果你過度補償、一直在為別人做事，那麼你要尋找方法來增加你對自己的關愛，並且做自己就好，而不是為其他人而做。你要對自己說：「我已經遠遠足夠了。」如果你為了與另一人展開新的關係而把某人推開，而不是試著修復自己在感情上的問題，問問自己這是不是一種你很熟悉的模式，以及再度經歷這樣的循環是不是值得做的一件事。

- 如果你的自尊心低落，每天都要想出一件你做得很棒且自豪的事，然後對自己表達這一點。
- 如果你不說出自己的真話，想想看你可以如何藉由說出反應出你目前為人的話語來尊重、讚許自己。
- 如果你為了順應他人的世界而讓自己變得渺小，請昂首挺立、深吸一口氣，然後明白你值得感受到你所有的力量。重新取回自我價值感。

這些健全的反應有許多都能設立並申明內在界線，而這些內在界線聲明正是你在寂靜時刻需要對自己說的話。你可以藉由練習這些聲明來設法補充你的自我價值及自我關愛，這會幫助你治療受創的內在小孩並且加強你的界線設置。

我們在第四章討論到了破碎且損毀的界線系統，這當中的界線並非完整無缺的。在該章節的「練習：毫無界線，抑或糾纏不清」裡，對於你的創傷是如何透過薄弱且不良的界線而出現的，你在筆記本上寫下了自己的反應，現在請重新檢視這些回答。如今你對自己有了更深的了解，有沒有任何答案是你想要改變的？這些狀況是否依然在你的生活中上演，或是在你歷經了HEAL療程之後，事態是否開始在改變？你需要在哪些地方設置或加強你的界線？你需要設立何種界線來中斷循環痛苦？

一旦能夠持續不斷地為自己和他人設置嚴謹的界線，你就可以開始與你的真實自我產生連結，並且感受到情感上的自由。

當你正走在療癒之路並開始表達你的界線時，你或許會感受到來自他人的阻力，不過這也十分正常。你的朋友、家人、同事並不習慣聽到你表達自我或申明界線。他們不希望雙方之間的關係動態有所改變——這對擁有不良界線的人來說是一件很可怕的事。他們仍會希望持續問你是否想做某件事，因為他們知道可以成功說服你。從某種角度來看，你把你的朋友訓練成為當你拒絕的時候，他們知道真正的意思是他們能夠說服你答應。現在你可以堅守著自己的拒絕、尊重自己並堅定立場，而非讓步來取悅他人。

預想不到的後果

在你原本缺乏的地方設置界線有可能帶來預想不到的後果。如果你鼓足勇氣來表達界線，但這個界線卻被人忽視、排斥或是嘲諷，那麼你就得要尋找方法來對它加以強化。你必須保衛你的界線，好比你在防禦一座堆滿寶藏的城堡一樣，而且得要願意使出任何手段來設置並防衛界線。

有個簡單的例子，你有個時常在你約吃中餐後卻因故取消的朋友，在某個階段時你大概就會想要對這個人設下界線、停止約對方共進午餐。

我必須對一位我的老友設界線，因為我覺得在這段關係當中都是我在付出所有努力。嘗試聯絡的人一直是我，因此這段友誼感覺起來一點也不平衡或對等。我告訴我的朋友永遠是我在聯絡他，而且他缺乏對等回應的態度也讓我感到不受尊重。我的朋友同意我的看法，還表示其他人也給了他類似的意見。「我想我為人就是這樣吧」，他這麼說道。這種反應同時間令人受到認可又感到失望。當我設下界線（表達我的聲明）的時候，他卻表示他無意改變，而且他這個人就是這樣。我聽了進去，不過那也是這段關係的轉捩點。我仍然保有這段友誼並且愛護著這位朋友，不過倆人的關係已經有了變化。

> 當某人對你展現自我，你一開始就要相信他們。
>
> ——瑪雅・安傑洛（Maya Angelou）

有一點要表明清楚的是，設置界線並非對他人表示威脅或下最後通牒，其重點在於清楚傳達對方若持續對你不尊重的話會有什麼後果。界線也不是一種控制的方法，因為你早已不計結果如何。你正在傳達聲明，等待對方如何回應，接著你會運用你的辨別力來決定這段關係的下一步該如何發展。

當我向我的朋友傳達有關我自身感受的聲明時，我並不是在表達我的界線以操控對方，我只是真誠地與他進行一段有關自己感受的對話而已。他的回覆告訴我我需要了解哪些東西，才能辨別出我們的關係該朝哪個方向進行改變。

鬆弛你的氣泡界線

我們在第四章當中探討的氣泡界線，是在某人希望他人接近自己卻又不要太過親近時所設下的界線。由於設置氣泡界線的人們有著界線、依戀和承諾方面的問題，他們在一段關係當中常會存在著推拉的現象，因為這些人從來都未曾學會如何調節自己的情感。他們出生在情感無能的家庭中，而且擁有諸如自尊心低落、恐懼改變、害怕拒絕、以及完美主義等的受創情緒反應工具。這些反應通常會催化「我還不夠好」的自卑感受（請注意，某人會自卑不一定代表他們有著情感無能的父母，不過這種情況的確是此類受創模式的緣由之一）。

這種類型的情感創傷以及界線知識或技能上的缺乏，特別顯現在當某人把對方拉近，接著過度分享、害怕連結或拒絕，然後把對方越推越遠的時候。

這種與他人間的互動關係就像溜溜球一樣，對所有牽涉其中的人們來說都會相當疲憊及困惑。擁有氣泡界線的人，夢想著能和其他人產生深刻的關係，就像他們希望能跟父母關係密切一樣，不過就當其他人確實如他們所願變得親近，他們又因為不知該如何處理這種感受或關係而將對方推開。他們缺乏那種通常會在童年家庭中建立的情感調和基礎。

會設置氣泡界線的人，外表看起來就像是正常健全的成年人。他們一般都擁有良好的人際關係以及不錯的朋友及工作，不過內心卻感到寂寞、孤立還有恐懼。他們不懂自己為何會如此，因為他們認為：「我應該要快樂才對。我雖然在人生當中擁有了這一切，不過就算我身邊圍繞的全是愛我的人的時候，我卻覺得和所有人都相隔千里。我想要覺得和別人親近，但我就是不知道該用什麼方法。」他們的內在和外在界線全都亂了套，上一分鐘他們才覺得他們認識自己，下一分鐘卻又完全摸不著頭腦。

這種過度發展、過度一般化的保護系統使他們無法和別人產生連結感，而且對他人展現自己情感脆弱的一面也變得相當困難。他們會對著他人模仿情感親近的模樣，不過其效果也無法深入，因為他們的氣泡正處於隱匿模式當中，一直等待並試圖察覺任何攻擊出現。在情感上與自己的某些部分或是與他人隔絕開來不是一件健康的事，但是內心的幼童並未學會這些技能，因此它反而是重新上演孩童時代的創傷。

故事：潔西卡和她的雙層自我保護

潔西卡是一位四十三歲的單身女性，她在治療情感創傷方面有著不錯的進展。她已經放鬆了自己的氣泡界線，並且正致力於自我療癒、述說對自己的肯定、以及設置界線。然而就算她做了這麼多的努力，她仍舊覺得相當封閉，而且她的人際關係也沒有改變。就在她持續著自己的療程之時，她開始發覺她不僅有著一層外在的保護氣泡，她還打造了一件內在的盔甲來當作備用。

潔西卡才剛結束了一段情感受虐的戀情，因此情感核心被一層又一層的內在防衛機制妥善地保護起來。即便她已經踏出了這段受虐的感情，她的受創部分仍緊抓著這個內在盔甲不放。她發現雖然她可以對自己展現脆弱的一面，而且她也允許自己與新的另一半步入一段安全、親近的關係，不過她只能做到這個地步而已。

即便潔西卡正在努力治療創傷，她並沒有發現阻礙自己更親密地深入感情世界的到底是什麼東西，直到她發現這件內在的情感盔甲。她心中深深受創的部分之所以緊抓住這件盔甲，是因為這個部分的自己警戒和防備心態非常強烈，一直在注意著下一個情感威脅的來襲。

藉由發展更為嚴謹以及更加有效的內在與外在界線，潔西卡終於得以知道自己的心中感受。她學會了如何辨別這股阻力，並且進行評估來判定它是否來自心底的創傷或是不理性的恐懼。一旦她做到了這一點，她就能夠說出她的真話、設置自己的界線，並且允許自己與新的對象變得更為親密。

對於擁有這麼多層防護機制的人來說，通往療癒以及擁抱真實人生之路的關鍵在於了解心中創傷——它有著哪種模樣與聲音，以及它感覺起來像是什麼東西。正如同你所學到的，自我療癒有很大的一部分是關於了解自己在家庭中扮演的角色，以及辨別你父母的情感包袱與你的真實自我之間有著哪些差異。擁有氣泡界線的人們所要進行的治療課題就是要辨別該種差異，然後想出方法來走出這樣的迷宮。HEAL療程當中的所有練習都能幫助你清楚了解你的創傷何在、以及你在界線上有什麼不足的地方，並且為你畫好了療癒之旅的路線圖。

要以肯定態度對自己表達堅強以及正面的訊息。

你比你想像中的自己還要堅強許多。

如果你有著想要他人親近、卻又阻人在外的氣泡界線，你或許認為你是在保護自己。然而在你的成年關係中，這樣的保護機制所呈現出來的樣貌卻是躲避、孤立、被人拒絕的感受、焦慮、孤獨、受害心態、困惑、完美、自卑以及拒人於外。

以下的練習可以幫助你了解氣泡界線如何影響你的人際關係，以及你如何可以建立更深層次的連結。

這項練習會幫助你評估你的層層保護，看看你是如何待在自己的氣泡內自保安全、將其他人阻絕在外。你可以藉由在氣泡上打開一扇窗戶，與他人建立更深入的連結。

回顧你在第一章「練習：你的衝動反應」當中的答案，這些受創情緒反應工具透露出你在哪些地方需要培養更完善的內在和外在界線意識。本項練習是用來幫助你在做某件事時認清楚自己到底在做些什麼，這樣你就能對自己產生新的看法。

在你筆記本當中的某一頁中央畫出一個大大的圓圈，用以代表你的氣泡界線。氣泡裡頭是你的感受以及你對自己說的話，外面則是你與他人的互動、你說出的話、還有你的行為舉止。你的氣泡上有著一扇通往外在世界的窗戶，你可以利用這

練習：開窗的氣泡

扇窗來與他人產生連結，不過它同時也是你把這些人鎖在外頭的方法。在你進行這個練習時，你將會檢視自己在何時何地、還有出於何種原因而想要和他人建立連結，以及什麼時候你會把他們阻擋在外。

在氣泡內寫下那些會導致這扇窗戶封閉、使你與外界隔絕的你與自己的對話。這些就是你擁有氣泡界線的原因，以及氣泡界線存在的目的。舉例來說，你或許會列出害怕、恐懼、受傷、孤單和困惑等感覺。你或許也會寫下加深了受害者敘事角度的想法和行為，像是「我還不夠好」、「這樣做不值得」、「我永遠找不到另一半」以及「我總是被人排斥」等等。說不定你下定決心不再試圖尋找人生的伴侶，或是你認為與其他人建立深刻的連結是非常冒險的一件事，也有可能你因為對方不願和你分享任何東西而導致你受夠了對他人掏心掏肺，又或許你會責怪他人、覺得自己是受害者、討厭被人拒絕。你也可以寫下你反覆對自己說出的感受字詞或表達用法（欲尋找感受字詞，請參閱附錄A的感受列表）。

任何你放在氣泡之外的東西要嘛是幫助你向外拓展與連結，不然就是使你受到侷限及孤立。請在氣泡的上方和外頭寫下當這扇窗戶開啟、你與他人有所連結的時候，你的對外互動會呈現出什麼樣貌。你會如何進行互動？你會說些什麼？這些就是當你對其他人有足夠的安全感和信賴感而能踏出氣泡之外的時候，你會採取的舉動或說出的話。

另外也請寫下你需要滿足哪些條件才能相信他人、與他人建立連結，就像是「我在好朋友身邊可以盡情地做自己」、「我相信這種類型的人」、以及「我可以很安心地前往這個人的家中或這類型的聚會」。以上能幫助你向外拓展、對外開放，讓其他人能夠踏入你的人生。

接下來請在氣泡的下方和外頭寫下當這扇窗戶關閉時，你的互動方式會呈現出什麼樣貌。這些就是你為了拒人於外時所採取的舉動以及說出口的話。你會刻意避免你必須要和他人說話的局面嗎？你是不是只和「安全」的人聊天？你會不會向別人傳達矛盾、前後不一致的訊息？你會不會含糊其詞，使用像是「我不知道自己是不是可以」、「我看看」、「或許」等用語？你會不會答應做某事，卻在最後一刻反悔？你的創傷和氣泡界線會如何出現在你的人際關係中？你也可以寫出你會刻意避免的人、地點以及狀況，只因為它們要花很多心力應付或是令你害怕。這些字詞或行為會使你退縮和受限，並且加深其他人應該要遠離你的想法，因而讓你變得孤立。

一旦辨別出你在氣泡裡外是如何行事和思考的，就請問問自己以下的問題。請針對與你切身相關的問題在筆記本上寫下答案。

練習：開窗的氣泡

- 我是不是還需要向別人說這些話來保持自己的安全？
- 我的氣泡界線的作用是什麼？我是否僅是出於習慣而持續保有它？
- 我在和他人的關係當中是不是真的不安全，又或是我對自己接下來該怎麼做感到不確定以及過於籠統？
- 我是不是因為害怕以及不想再次受傷，而把他人隔絕在氣泡之外？
- 我是不是已經準備好歡迎他人進入我的生活當中，還是我想要繼續把他們封鎖在外頭？
- 我還需不需要對自己說這些惡毒的話？這會如何對我有幫助？
- 我必須做些什麼才能治療那些我對自己說的負面訊息？
- 如果我學會設立健全的界線，也學會把我氣泡上的窗戶再開大一點，那麼我覺得會發生什麼事？
- 這些訊息是如何和我的受創年紀有關？現在出現的是否又是一個新的受創年紀？
- 我會不會給自己或別人矛盾和前後不一的訊息？
- 我到底對別人說了什麼，他們才會認為我想待在我的氣泡內？

練習：開窗的氣泡

- 當我氣泡上的窗戶打開、然後我觀望著我所信賴的人們及狀況時，我的心中作何感想？
- 當我氣泡上的窗戶關閉、然後我觀望著我所不信任的人們及狀況時，我的心中作何感想？
- 我為什麼要關上我的窗戶、不讓他人進入？
- 我要如何運用對他人設置的界線來得到神志的清明，好讓自己覺得更安全？
- 我要如何設置更好的內在界線來讓自己變得安全，而不是繼續保持孤立？
- 一旦我清楚了自己的內在界線，我可以如何循序漸進地來向他人敞開自己的心胸？

了解自己在真心希望與人感到親近時、卻又為什麼以及如何把他人隔絕在外，將能夠幫助你釐清你想要怎樣處理你的氣泡界線。

對於你要如何與自己以及與你的人生互動，選擇權就握在你的手中，而且你也沒有必要一直拒人於千里之外來保護自己。以上過程的重點並不是戳破氣泡、讓你沒有任何防備；學習如何設置健全有效的界線能夠汰換掉你的土法煉鋼式的氣泡界線做法，幫助你真真實實地感到完整。

循序漸進地設置界線

設置適宜的界線事關你目前擁有的界線以及你需要培養的界線。舉例來說，你可以藉由讓人一窺自己的內心世界來設法建立信任，但同時明白其中有情感上的風險。隨著時間過去，你將能夠辨別他們是否可以在情感層面上保有你的信任和私人資訊。透過各式各樣的經歷，他們將會展現自己到底夠不夠格，然後屆時你可以再做打算。

你可以評估必須設置哪些種類的界線，比方說，如果輪到你請友人吃午餐時，雙方互相搶付帳單，結果到頭來變成因為對方失業了（或根本沒失業），你還得借一小筆錢給他。或是某次週末計畫好要去度假，但你的朋友卻遲到，因而錯過班機，這個狀況使你覺得受傷難過，因此你必須決定該如何對你的朋友述說你的感受。這些都是很好的練習，其重要之處在於隨著事件的逐漸發展，你要培養合適的信任肌肉，並且開發維持情感平衡的能力。

另一個你朝著正確方向發展的跡象就是當你覺得能夠放開心胸、不管最後的實際結果來培養親密關係、人與人的連結，以及豐富人生經歷的時候。最後的結果會因狀況而異；當中的過程和進行適度的心胸開放才是關鍵所在。在每一次的際遇當中相信自己以及你對自身感受的直覺將會幫助你鍛鍊你的界線肌肉。你會知道某個狀況感覺起來對還是不對，而且你也會知道你必須建置哪個種類的界線。你的界線一直都伴隨在你身邊，你只是正在學習針對什麼樣的互動要使用哪個正確的界線工具而已。

在學習界線的同時，請檢視你的界線在何處是嚴謹及有效的，在哪些地方又需要加強。請設定目標來決定你要如何使用嚴謹的內在及外在界線系統來與他人進行互動，然後從你目前的所在之處一步步地朝著目標邁進。

盤點你目前擁有的人際關係，並且決定出一位你所信賴也想深入交往、但卻一直害怕付諸行動的人，然後想想看你本身有哪些東西是可以也適合與此人分享的。準備這種對話的方法之一，就是動筆寫下一封關於你想對他說的話的象徵信件，雖然你不會寄出這封信，不過這個練習能助你準備好稍微深入這段關係。

評估你所放心共享的資訊是很重要的一件事，因為你不希望過度分享，也不想太快掏心掏肺。如果真的這麼做了，你在事後或許會對這段關係有著不太好的感覺。這項練習將會幫助你設置哪些事物感覺適合分享、以及哪些東西你還沒準備好共享的內在界線。

關於你能夠掌控的自身資訊，總共分成以下三種級別：

公開的：你可以分享在你生活當中容易識別的那些層面，例如你的姓名、居住的城鎮、年齡和職業。想想看某人在搜尋社群媒體時能夠找得到的東西。

個人的：你可以分享那些你已經讓信任的家人、朋友和同事知道的個人細節。這些內容包括你本身的具體資訊，像是你的地址、電話號碼、生日、最喜歡的樂團、最喜歡的顏色、以及你喜愛的事物。

私密的：你可以分享那些你只希望親密的親朋好友知道的細節資訊，例如你的健康情形、感情現況、本身的恐懼還有幻想。這是在你的人生當中僅有少數人知道的訊息。

在筆記本上列出一份包含家人、朋友和同事的名單，並且決定你覺得能夠安心地與他們各別分享、卻又不會過度自我揭露的溝通級別。在每個人的名字旁邊寫下你目前跟他們溝通的級別，接著再決定這樣的連結以現況來說是否感覺良好，或者你是否想要擁有更深入的溝通關係。大多數在其人際關係裡心胸開闊的人們，大部分時間都處於個人的溝通級別，只有偶爾才會分享自己的私密資訊。

如果你想打開自己氣泡上的窗戶，加深與他人的關係，請選擇某個會以愛和尊重的態度來接受這項資訊的人。（這個對象有可能是你寫象徵信件給他的同一個人。）

不要過度誇大這次對話，你可以簡單地說：「我一直想和你分享一些東西」，或者是「我想要聊聊某件我很難說出口的事情，不過我想要和你分享」。很可能的狀況是他們也想要跟你有更深入的關係。你可以通過這種方法來設下有哪些事物是否適宜與他們分享的內在界線，然後邀請他們來更一步地了解你。你所傳達的訊息是你想對他們更開放自我，而且也希望他們能夠更開放地與你分享自己。這是一份歡迎更深層次連結的邀請，也是一項大多數人的基本需求。

要記得你能負責的對象只有你自己，你既無法控制也不能改變其他人，因此他們要如何對你的分享做出回應完全是他們個人的選擇。這個過程當中最重要的一個環節就是你允許自己打破這種全然不必要的防備他人的循環。你正在給予自己一個在你的人際關係中體驗情感自由的大好機會。不論這段對話的結果如何，你都要恭喜自己使用了界線以及那些為了分享部分的自己而表達自我的有效方法。你正在學習如何敞開自己的心扉，你正在學習在情感上對自己和他人開放。

圍籬界線

健全有效的界線，等同於健全融合的自我。

我們在此以木製尖頭圍籬的譬喻來更進一步探討健全的界線。這種圍籬會在兩塊地產之間製造出實體的界線，而且所有人都能清楚看見每塊地產屬於圍籬的哪一側，因此你可以將這種譬喻套用在你和某人之間的界線。想像你和對方中間有一道圍籬，你可以從圍籬的上方以及木板之間的空隙看到彼此。如果對方碰到了麻煩，你甚至可以跳過圍籬來向他伸出援手。這道圍籬清楚定義出另一方和你的空間分別屬於哪裡。

這個木製尖頭圍籬的譬喻非常簡單，因為這種畫面在人與人之間製造出分界，也提醒我們需要設立健全的界線。學習在人際關係當中創造出幻想圍籬來當作界線，是你負責任的成人自我能夠為了照顧心中受創部分所做的最成熟也最盡責的行動之一。設置如此界線將會幫助這些部分感到安全，因為你負責任的成人自我正於內在以及外在採取作為來保護受創的內在小孩。

你和另一個人之間的幻想圍籬能夠幫助你記得，想拒絕時，你只要說「不」就能夠設下界線。這道圍籬也可以提醒你，當你進行自身旅程的同時，對方也有他們的路要走。尊重另一人的旅程，能夠幫助我們記得要待在圍籬旁屬於自己的這一側。它有助於提醒我們想要修復、拯救、照顧或控制的相互依存部分，我們的工作不是管理他人的生活或在我們沒有被要求時提供建議。這樣一來就能夠提醒我們心中那個想要解決、拯救、照顧或是控制他人的共同依賴的部分，管理他人的生活或是未經要求就提供建議並非我們的職責。

要進行這項練習，請安靜地坐在一個不會受人打擾的地方，然後準備好你的筆記本。

想像自己站在一個你認識的人的身旁，你可能和對方共度了一段煎熬的日子，或是對此人懷有憤恨之心。現在請幻想在兩人之間有一道圍籬，並且注意你對這道圍籬的感受。等個一、兩分鐘，讓感受浮現之後，再寫出你對以下問題的回答：

- 有了這道圍籬之後，你和對方的關係是不是感覺起來和平常不一樣？
- 有了這道圍籬之後，你是不是比較有安全感？
- 你現在跟這個人在一起是否感覺比較安全？
- 你有沒有覺得跟對方分隔開來？
- 你有沒有覺得跟對方的距離很遠？
- 有了這道圍籬之後，你會不會覺得比較容易說出真話，也比較容易設置界線？
- 有了這道圍籬之後，你想要跟對方表達什麼樣的界線？
- 你覺得自己想不想要拆掉圍籬，好讓你可以靠近對方？
- 你想不想把圍籬加大，並且將它強化？
- 兩人之間有了圍籬以後，你有沒有更為均衡的自我意識？

練習：判定你的界線現況

你對這道圍籬界線的反應，能夠對你透露更多有關你與對方的界線現況，以及你是否需要調整自己和他們之間的界線。如果這道圍籬的意象能夠讓你更有安全感，那麼它在你學習設置界線之際就是一個能夠記在腦海之中的好幫手。倘若你想把圍籬築得更高也更堅固，就要問問自己在情感上發生了什麼事。你有了什麼樣的反應會讓自己覺得需要更高更大的一堵牆，而不是發表更健全的界線聲明？我們之所以常會覺得需要一道更大的牆，是因為他人的聲音掩蓋過我們的，或是他們沒有聆聽我們的聲音。這件事的關鍵並不在一堵牆，而是在於這段關係當中欠缺了尊重。

如果你的受創部分在你打造圍籬時充滿喜悅，那就代表這座圍籬發揮了效用，為它帶來了安全感。如果你想拆掉圍籬，以便能與對方更親近，你就必須問問自己這是不是一段帶有健全界線的健康關係，又或是這道圍籬帶給你的感覺會否太冷漠無情。你覺得圍籬是將你把這個人分隔開來，還是使得你無法愛護並照顧他們？這些反應都是正常的。要記住，你仍舊可以越過圍籬來擁抱他們，所以這道界線並不是在限制你關心或愛護他們。

練習：判定你的界線現況

如果你覺得身處在圍籬旁自己的這一側讓你內心感到安全，那麼對於你和這個人之間的關係，想想看這一點對你透露了什麼。這樣的反應意味著你或許有必要對他們進行評估並設置更完善的界線。如果你先前沒有對他們設下良好的界線，但是圍籬讓你在情感上更安心，那麼你在對待這個人的時候或許就要更加地挺身保護自己，要勇於拒絕並說出你的心聲。

針對生活中的其他人來重複這項練習，以幫助你確立目前的界線狀態。

練習你的辨別力

設置界線的一項關鍵之處，就是要學習如何平心靜氣，仔細聆聽自己的感受。它能夠辨別你對某個特定人士或具體狀況有什麼樣的真實感受，也能判定你是否正在設法說服自己去做某件事，又或是不是在合理化自己的選擇或找藉口。

你花越多時間傾聽或信任自己，就越能夠辨別哪些聲音是源於自己、哪些又是來自外界。如果你是在把某項選擇合理化、或是在告訴自己「應該」如此，那麼你很有可能是為了別人才做這件事。辨別的藝術就在於了解有哪些事物是符合你當前的生活，又有哪些是你已經不需要的。每天都發揮你的辨別力能夠幫助你隨時釐清自己到底是誰，並且與真實自我不斷保持活躍的連結。

自我教導

你已經知道你負責任的成人自我是你心中那個會挺身出來設置合適界線的部分，也是那個會幫助受創部分療癒的環節。然而你的負責任的成人自我並非只是為了幫助受創部分而已，堅強穩固的它還擁護著你內心當中的所有一切。

你心中受創部分能獲得療癒並整合的唯一途徑，就是負責任的成人自我要能夠設置界線，因此你必須化身為自己的教練、在這整個過程中支持自己。現在就是給予自己鼓勵、寬慰以及關愛訊息的最佳時刻，以便扶持著自己與背負創傷的年輕自我建立連結。你一定要開始承擔自己做出的選擇。

以下的範例是對自我的肯定，用來支持並教導自己建立自尊：

- 我知道這樣做很困難，不過我辦得到。
- 我的心中每一天都感覺更堅強，而且我也值得有這樣的感受。

- 我正在盡自己的一切努力，而且我也很自豪自己下的工夫。
- 我每天都在學習如何設置界線，好讓我在自己的世界當中覺得安全。
- 我正在了解自己是或不是哪種人。
- 我有這個權利來擁有自己的感受。
- 我值得受到愛與尊重的對待。
- 我相信自己的感受，我也會明確地向他人表達自我。

這些肯定自己的言語只是幾個你能夠讓自己安心、確定你所做的一切都在引導你來敞開的範例。

在目前這個階段，你或許會想要寫下一些能夠支持並教導自己的評價，是你覺得有必要對自己說的。你如果不習慣使用這樣的語言可能會覺得頗有難度，但是這種體貼關愛的內心話將可以幫忙促進HEAL療程能夠創造的溫柔改變。

在教導自己穿越這段過程的時候，你會開始更加明確地感受到哪些事物給你的感覺是對的，哪些則是再也不適合的。此時就是你能夠開始辨別源於你受創部分的聲音或感受，會與來自成熟成人自我的有所不同。

另一種你必須能夠辨別出來的就是**背負感受**（carried feelings）。這些來自童年且原屬他人的感受，是因為你的父母或監護人對你示範而被塞入你的工具箱當中。舉例來說，孩子們會接收到羞愧或恐懼的背負感受，特別是該家庭處於混亂或有著言語辱罵的狀況下。這些感受會被帶入成年生活中，而且分辨這種感受是否屬於自己很困難。這些感受大多數時候都是他人投射在你身上，接著被你吸收到你的自我意識當中，因此你便開始認為自己就是這樣。

馬克這名患者是一位二十七歲的男子，他的母親在他小時候總是一副非常焦慮的樣子。他從他媽媽身上學會了擔心、驚慌、下雷雨時會不安、以及對他人不信任，他學會了背負她的恐懼。當我問他這種緊張焦慮的生活之道是不是身為成年人的他想要的思考和反應方式時，他回答：「絕對不是！」馬克對事情不安地過度反應方式是正常成年人絕對不會展現出來的。他練習識別出他從母親那裡學來的背負感受，並且學會分辨他本身的情緒和他母親的有何區別。我幫助他培養出一套全新的內在界線規範——也就是新的實用工具，好讓他在碰到從前會令他非常緊張的狀況時能夠使用。

在其著作《面對共同依賴症》當中，琵雅．梅洛迪寫到分辨背負感受以及自身健全感受的方法之一，就是背負感受會讓人吃不消，但反觀自身感受，雖可能很激烈，卻不會讓你感覺如此。背負感受通常都會被過分放大。

在努力設置健全的內在界線時，你會依稀覺得自己對某事物應該會作何感受，接著你就能辨別要如何反應。換句話說，你可以選擇自己想做什麼反應，而不是取決於別人會怎麼做。

舉例來說，馬克已經學會了對雷雨背負著恐懼，不過這是他母親的懼怕而不是他自己的。他對雷雨的過度反應已經完全超出了正常成年人對自然事件應該要有的回應。一旦他發現這份恐懼是來自他母親而不是自己的，他就能夠選擇不同的反應方式。

在訓練辨別力的時候，你會清楚知道自己身為成年人的想法、感覺和選擇，也會對它們產生健全的連結。如果感受變得模糊、困惑或是沉重，請檢視當下的狀況並問問自己是不是你的創傷遭到觸發、你與對方的界線現況是什麼樣子、你應該承擔什麼，以及對方該承擔些什麼。這不是明確或硬性的規則，不過在你設法融合受創的內在小孩以及保護自己的成人自我時，它能夠幫助你區別這些感受。

在通往自我療癒的路途上，設置健全界線是你可以採取的最重要的行動之一。你的確有辦法學會對他人創造健全的界線，並且戒除毫無界線、情感糾結、使用氣泡界線、或設置極端界線的種種模式。

盡可能地多多進行本章節當中的練習，以便了解你的界線系統狀態以及如何將它轉變成健全的模式。你很快就能完成療癒自我和擁抱真實人生的目標了。

第7章 負責任的成人自我挺身而出

將你的內在小孩連結到你的內在自我，你就會引出我們每個人心中都有的那位英雄。

——金荷．坎貝爾（Kim Ha Campbell），《內心平靜、外在平衡》（*Inner Peace Outer Balance*）

你在療程當中已有了長足的進步，不但努力進行所有練習，也在反覆學習設置健全界線。隨著成熟、負責任的成人自我逐漸掌控人生，你現在也準備好要全然擁抱你的真實人生。當然你還有更多路要走，因此在本章內容當中，我們就來探討療癒的最後幾個步驟。

既然你已熟悉童年時期的創傷、以及在成年生活中使你產生反應的觸發因子，你或許會納悶要如何知道內心受創部分和負責任的成人自我之間的差別。這兩者之間的差異就在於你心中的感受，以及你對狀況的反應。你的受創自我會按照以下方式來選擇、感受還有表達：

- 害怕。
- 當成受害者。
- 責怪。
- 憤恨。
- 猶豫。
- 背動反應。
- 渾然不覺。
- 謹慎小心。
- 困惑。
- 迷惘。
- 想要逃避並躲藏。

你的負責任的成人自我則會按照以下方式來選擇、感受還有表達：

- 感覺腳踏實地。
- 承擔起你的人生選擇。
- 體貼對待自己和他人。
- 即便你並非全盤了然於胸也保有自信。
- 真實做自己。
- 知道自己是或不是哪種人。
- 會自我控制。
- 對自己誠實。
- 接納自己也接受他人。
- 知道自己何時頭腦清醒、何時又會扭曲自己的真相。

負責任的成人自我就像是存在自己心中，對你體貼、關愛、保護的哥哥姊姊們。它是你最好的一切，也是你可以指望做出正確的舉動、為你挺身而出的那個部分。

越能夠設置界線，受創部分就越可以清楚知道負責任的成人自我會出面保護它。直到負責任的成人自我能夠持續不斷且有自信地設置內在和外在界線之前，你心中的受創部分都不會放下這些受創情緒反應工具，不論它們具有多大的破壞力以及多麼失調。每當有創傷被觸發時，這個受創部分就會觀察負責任的成人自我會出於什麼原因、於何時何處、以及用什麼方法來處理該狀況。

不尊重我的界線，就是不尊重我。

假使負責任的成人自我沒有持續出面保護受創部分，這些受創部分就會繼續凍結並困在原處。因為受創部分不想要再度受傷，所以它就不會冒著極大的風險來卸下防禦。

以下的各種方法是促使負責任的成人自我出面進行保護的方法：

- 對觸發因子持續保持著理智且有用的反應。
- 清楚地承認自己要不要做出選擇。
- 對真實自我保持清楚且開放的管道。
- 每天都要對自己說和善、關愛且尊重的肯定語。

● 辨別出哪些事物感覺起來是對的，哪些又是不對勁的。
● 有人侵犯界線時要明確且果斷地進行回應。
● 要了解該於何時何處、並以什麼樣的有效方式來照顧你的所有部分。
● 要知道你會想用什麼樣的方法來出面保護自己。

你的負責任的成人自我會利用你在孩童時期以及成年後所培養的實用反應工具。你的負責任的成人自我過去曾以什麼樣的方式出面保護你？至於現在，它又是如何挺身而出的？

以下的列表是你有可能帶入成年生活裡的實用反應工具：

● 幫別人出頭。
● 詢問自己有什麼需求。
● 愛護自己。
● 關愛他人。
● 對自己和他人主動表示感激。
● 聆聽自己的需求。

- 對他人專注傾聽，不光是聽見而已。
- 要尊重別人所說出的真話，即便你不了解其話中的意思。
- 要尊重別人的感受，即便你不了解這些感受代表的意思。
- 對你信任的人可以展現自己心中的脆弱。
- 分享。
- 體貼和善。
- 願意幫助他人，即便你並不期望對方會回報。
- 展現你的感激之心。
- 對自己感到驕傲，但以謙卑的姿態。
- 無私地為他人感到驕傲。
- 在你害怕的時候找到心中的勇氣。
- 有必要的時候，要在人際關係當中關愛地給對方空間。
- 允許自己在人際關係當中展現本身脆弱的一面。
- 學會放下羞愧的感覺。
- 以謙卑的態度向他人學習。
- 信任自己。

藉由對自身負責，你就能承擔起自己的人生選擇。你要停止使用受創情緒反應工具，並且創造有效實用的工具。

請花點時間在筆記本上寫下一些你看見他人展現負責任的成人自我並表現出同情心的例子，例如某位好夥伴挺身幫助朋友，或是有人出於善意和同情來對另一人伸出援手。展現出我們心中功能最為正常的自我的絕佳範例就是發揮同情心的行為，因為這些舉動是源自無私、謙遜和慷慨的心態。我們不求任何回報，只希望對方一切順利。

現在要請你寫下的一些例子，是你曾經見過某人展現他的寬宏大量、解決一項問題、或是承認自己的錯誤。你也可以寫下自己需要具備哪些特質才能變成心目中能夠這樣做的成年人，例如能夠辨別某個狀況在何時變得太過分而導致你需要尋求幫助，或是在難過時展現自己的脆弱並與朋友分享。身為一個功能正常的成年人並不代表我們事事都必須堅強、從不展現出某些人會視為懦弱的感受或舉止，而是意味著我們要忠於心中的所有部分、致力維持其完整及相互融合。你或許無法在目前完全展現出這些特質，但你仍有心來實現它們。

請好好保存這個你在其中描述了一個功能正常的成年人須具備哪些特質的筆記本，並在數年之後拿出來回顧，看看你對自己的期望是否已經達成。

學會拒絕

我們在前一個章節當中探討了想要拒絕卻反而答應的毛病。有些人因為不想令人失望而很難拒絕他人，或是他們想討人喜愛以至於對每件事來者不拒。這種界線上的缺乏也源自於他們心中的受創部分感到害怕，並且想要突顯自己和自己的聲音。就連負責任的成年人都會對不想被人屏除在外的恐懼做出讓步。

現實狀況就是，我們都想受到他人的歡迎和喜愛，我相信這是人類天性的核心宗旨之一。然而就算你說出了那個很難脫口而出的「不」，你仍舊可以受人喜愛，而且其實很多人會訝異他們的親朋好友會因此而開始更敬重他們。當我們發現有人會挺身捍衛自己和自己的信念、並且表達他們需要哪些事物的時候，我們都會更加地尊敬對方。展現這份脆弱需要很大的勇氣。

> 你心中受創部分的療癒程度，會直接影響到你設置界線的能力。

在你學習設立界線的同時，要留心受創自我會在何時、以哪種方法來設法重操毫無界線或極端界線時的常見舉止。請把這樣的企圖當作是出自你心中感到不安及害怕的那個部分。

溫柔地引導自己，勇敢地使用肯定自我的語言，並且以一些小小的「不」來當作起點。一個小小的「不」可以發生在某人詢問你是否想吃義大利菜，但你卻希望點墨西哥料理的時候。你只要說出「不」和自己的偏好就行了。這雖然不是什麼事關緊要的狀況，但至少你有了一個起頭。設置界線就像是使用身上一些不常動起的肌肉。先從小小的「不」開始，然後慢慢鍛鍊自己的力量。

當你開始設置界線時，以下是你有可能會這麼認為的常見誤解：

- 如果我告訴別人我的感受，他們就不會喜歡我。
- 如果對人掏心掏肺，我會被某人傷害。
- 我不想讓別人覺得我在生氣或我很兇。
- 如果我對外申明了界線，我一輩子都得承擔其後果。
- 我不是一個自私的人，但是界線限制了我關懷他人的天性。

為自己挺身而出一開始感覺起來可能會很不自然，甚至可能會覺得自己是被迫的。這樣的感覺相當正常，而且要一段時間以後才會習慣使用這塊肌肉。

先來鍛鍊你的拒絕肌肉。請回想某個狀況是你答應了別人，而非尊重你心中拒絕的聲音。暫時先不要對自己批判，並且問問自己為何做了這個選擇。你在逃避什麼，或是你對什麼感到害怕？你或許會說出一些還不錯的理由來解釋你為何答應對方，而不是運用你的拒絕肌肉。事實上，說不定你還會說服自己出口答應是一個正確的選擇。如果你做的選擇確實是正確無誤且符合邏輯的，然後又是因為種種理由為了朋友而做，那麼為何你又會對自己的答應感到些許怨恨？

現實狀況就是，善於分析的大腦知道我們本身的運作模式，因此會在我們意欲拒絕的時候說服自己做出答應的決定。我們的大腦戲弄了本身的情感自我，也就是我們的真實自我，這是因為我們花了一輩子時間訓練自己的腦袋，來推翻我們的界線以及真實自我。我們已經被我剛提到的原因以及更多理由給社會化，好讓自己認為我們應該答應別人。

請再次回想這個答應別人而非拒絕對方的情況。你依舊覺得這是一個能夠尊重真實自我的最佳決定嗎？你或許依然會這麼認為，但這樣也沒關係，因為重點在於你下次要先問問自己的直覺感受。

假設有人問你要不要做某事，而你想要拒絕對方，但卻會因為不清楚結果會是如何而害怕進行這樣的對話。我曾經聽說過有人把整個對話當成在下西洋棋一般做好盤算，想出一套該說些什麼的策略，然後還預測對方會說哪些話，這樣的狀況尤其會發生在腦袋聰明、但是擁有控制或信任問題的人的身上。他們通常知道對方會如何反應，所以會做好計畫、操控這段對談來按照他們的方式進行。他們希望掌控對話來得到他們想要的結果，並且避開令人尷尬或難以預料的話題。

這種恐懼而起的策略源自於受創自我，因為它認為這樣就是設置界線或進行對談的方式。事實上當然不是如此。這種方法相當地玩弄他人，而且對方也會感覺到這一點。如果對方使用清楚且堅定自信的溝通方式，而非這種操弄與間接的手法，那麼這樣做還會剝奪成人自我現身來觀察這段對話會如何收尾的機會。

許多人會進行這種策略性或是已經操控好的對話，然後認為自己正慢慢進步或是在設置界線，但其實他們越做越好的部分只有這場人際關係的棋局、自己內心的封閉、以及人與人之間關係的失敗。

說出你的真話

很多正要開始設置界線的人們想要當個「好好先生」，並且害怕若是他們說出心中的感受，就會被當成是兇惡的人。這種情況在開始設置界線的初期很常發生，其他常見的則有心生懷疑以及罪惡感，還有認為自己很冷漠或是憤怒。

這些感受是源於想要受人喜愛，縱使我們都希望自己受歡迎，並非所有人皆會喜歡我們說出的話，而這樣子也很正常。為自己發聲以及說出自己內心的真話，能夠用體貼同情的方式來做到。你毋須大吼大叫或是用力跺腳才能讓別人聽見你的聲音，你只需要用清楚堅定的表達方式就能辦到。

人們通常不會因為其他人有辦法接受真話而讚許他們。普遍的想法是如果我們把自己心中的真正感覺告訴別人，那麼對方就會崩潰瓦解、驚慌失措、或是變得生氣，但實際上大多數人都有很好的適應力、能夠接受不愉快的消息或資訊。

你若是不說實話就是在暗示你認為某人無法應對，因此你是在替他們做決定，而非尊重他們的智慧和理解能力。你欺騙了自己和對方，讓雙方都無法體驗可以拓展關係並加深連結的一段經歷。當你隱瞞你的實話時，你就是在拒絕更深入的連結。你或許也在暗示你是因為很難接受現實而不想說出真話。

當你不說出實話的時候，其深層意義是你在表示你不信任及尊重自己，因此其他人或許也沒有必要這麼做。在經過幾十年的自我治療之旅以後，我對尊重自己和受人敬重的感興趣程度遠大於得到他人的喜愛。當我們說出自己的真話時，我們就是在愛護和尊重自我。我們在進行治療的同時，會變得越來越不依賴他人的意見來形成我們對自己的看法。

練習：舊有的界線模式

在本練習中，你將列出你在人生當中做過的選擇，有些是聽從自己的本心，有的則是違背初衷。你將審視自己是否尊重本身的界線且忠於自己，還是違反界線並做出讓他人開心的選擇。

拿出筆記本，在一張乾淨頁面的中間垂直畫出一條直線，然後在左側上方寫下「對我有用」，並在右邊寫下「對他人有用」。現在回想你對某種情況或某項邀請答應或拒絕的時刻。請想想事件的結果、你對此的感受、以及你是為了誰而選擇答應或拒絕。在相對應的欄位中寫下你對這件事的簡短描述。

舉例來說，你在「對我有用」的欄中寫下你就讀了一間你真正想去的學校，而且也對自己的決定感到滿意，然後在「對他人有用」的欄中紀錄了你和某個你父母所希望的對象約會或結婚。請盡可能地多寫出幾個例子——重要或不重要都可以，看看是否開始形成了某種模式。

現在看看你在「對我有用」的欄中所寫下的例子。當時你的生活中發生了什麼事情？為什麼你能夠尊重自己和你的界線？你在人生中的這個時刻是否對自己感到滿意、心中感到堅強以及平衡？當你說出真話時，你能夠感受到當時你所體會到的自豪和受到敬重的感覺。你在「對我有用」欄位中所寫下的一切選擇，都是出自於你有效的成人自我的。

現在看看「對他人有用」那一欄。你為什麼會認為自己為了別人而在界線上做出妥協？你為什麼會認為做他們想要做的事比你自己想做的還要重要？當你回顧這些選擇時，要對自己抱有同情心。每天我們都會根據我們對自己和世界的看法替自己做出最好的選擇，因此你在從前的人生中、當他人的幸福比你自己的更重要時，做出了讓對方滿意的選擇。在「對他人有用」一欄當中的選擇，就是由你的情感創傷所做出的。

如果你在「對他人有用」一欄中所寫下的例子比「對我有用」的還要多，那麼僅代表你過去為別人做的事比為你自己做的多，同時也意味著從前的你對自己做出妥協是為了滿足他人而非自己，更代表你雖然躲避了事前的衝突、卻在事後付出了情感上的代價。

回顧我們的人生選擇是一件很有意思的事，因為我們可以發現我們過往行為是如何影響我們未來選擇的種種模式。除非我們努力療癒自己的創傷，否則這些模式就會繼續重演。我們來進行一個思想實驗，請看看你的「對他人有用」一欄，然後

練習：舊有的界線模式

想像如果你的選擇有所不同，那麼會產生什麼樣的結果。想像如果你尊重自己的界線系統，並且站出來捍衛自己和自己想要的事物，那麼會發生什麼不一樣的事。你現今的人生會有差別嗎？這是我們看待人生當中的選擇會有什麼力量的另一種方式。

每一天、每個方面，你都一直在創造著自己的人生。當你尊重你的真實自我並說出你的真話時，你就是在為自己的療癒發展創造出最好的機會。

故事：錢德勒，一位患有毒癮的年輕人

錢德勒是一位四十歲的男人，一邊設法當個好丈夫、好爸爸來養家餬口，一邊苦苦對抗著毒癮。他有一段時間會完全沒事，但隨後又被生活當中的大事觸發，然後發現自己開車到毒販那裡買毒。他說不知道為什麼自己一直想吸毒，畢竟他熱愛自己的人生、家人和事業。

錢德勒曾多次進出戒毒所，甚至在二十一歲時因販毒入獄。雖然他了解毒癮和上癮

的過程，但是他在為保持清醒和戒毒所做的一切努力當中，卻從未檢視導致他成癮的內在層面。他的界線系統受損，因此雖然意識到他在傷害自己、妻子和家人，但他卻會把自己的所作所為合理化，並且沉迷在毒癮當中。

在我們早期的療程裡，我曾經向錢德勒問過當他失去控制、衝動反應、想要逃避並吸毒時，他感覺自己當下的年紀有多大。這些行為會讓他回想起什麼年齡？他隨即表示這會讓他想起自己還是個二十一歲孩子的時候，當時的他不僅會吸食還會販毒，人生根本完全失控，還曾因為販毒而入獄三年多。他二十出頭的時候簡直是個極度動盪不安的時期。

錢德勒服完刑的很久以後，當他被工作、家庭和經濟壓力觸發時，他的年輕受創自我就會縱容他的毒癮。心中那個二十一歲的部分會站出來做下錯誤的決定。一旦癮頭過了，他的成人自我——也就是努力嘗試讓生活恢復原狀的那個部分，就不得不出來面對一切並開始收拾殘局。

和許多癮君子一樣，錢德勒對這種惡性循環深惡痛絕。一旦辨別出這個二十一歲的自我並且重新建立連結，他馬上就發現了這種模式。他培養了一些具體的應對技巧和界線系統，最後終於改變了這種模式。

他可以清楚發現自己再也不想背負這樣的循環痛苦，然而即便如此，他的情感創傷仍舊試圖引起他的注意。他可以清楚看見二十一歲的自我感到失控、利用受創情緒和邏輯來藉由毒品「解決」問題的每個片刻。

錢德勒不得不設下內部界線以保護自己免於進一步的傷害、使自己停止使用毒品，並且幫助年輕的受創部分在情感層面上成熟長大。這些界線必須對他本身有所意義，而且也一定要源自他的心中。他不會光是因為別人說他應該去做某事就聽命照辦。毒癮雖是個人旅程但會影響他人，因此他必須先學會對自己做出承諾，然後才能輪到他人。

錢德勒使用了釣魚以及努力賺錢等等的應對技巧，用以回報家人並養家餬口。雖然這些技巧減輕了他的壓力，但他卻可能在工作時過度補償來提高他的自尊心。他並沒有對自己做出腳踏實地的承諾，而是把自己逼得太緊、快要到油盡燈枯的程度。他試圖藉由全心投入工作、讓自己快要筋疲力盡來恢復其自我價值感，但這只是另一種癮頭——工作狂。

錢德勒在回顧他的時間軸時，將自己視為一個家庭背景混亂無章的人，他捲入了販毒、被捕、入獄等壞事，卻也遇到了一位很棒的年輕女子並與她結婚。他能夠審視自己的早年創傷經歷，並看到這些事件如何使自己沉迷在毒品之中。他對他的太太很感激，但卻沒有發現自己正是創造他的現實、也必須努力工作來扶養家庭的那個人。他仍把自己當作是那個入牢服刑、出獄後卻交了好運的傢伙。因為他的心態仍處於求生模式當中，所以很難看見本身的韌性、真實和偉大。我們之間對於設置界線的對話對他來說根本就是聽不懂的外語。

我們討論了他如何能夠對自己做出承諾，因為他完全值得這麼做，但他認為自己配不上。他認為其他人和他所創造的生活都是有價值的，但這樣卻是在把他本身的價值外在化，意味著他永遠都必須過度工作、過度補償。他重視的是本身以外的價值，而非自己心中的。

隨著時間過去，錢德勒發現他是如何單憑己力，克服自己的困難、找到一位美好的人生伴侶、努力工作，有了孩子，想為他們提供自己以往不曾有過的東西。他能夠看見自己就是創造出這種轉變的人。

在學習界線方面，錢德勒對自己作出了承諾（內在界線），他不會放棄自己的一切而去吸毒。他在他的卡車裡放了一張他兒子們的照片，並且會花更多時間與他妻子聊天。他學會了冥想技巧，也會去參加戒癮的聚會。他對自己承諾要努力持續著自己的康復過程，一天一天地慢慢進步。他忍住了開車去毒販那裡的衝動，甚至經常把卡車停在路邊、因為內心的天人交戰而啜泣，一邊是想要吸毒的慾望，另一邊則是了解這麼做有可能令他失去一切的認知。他負責任的成人自我搞不懂為何他想要吸毒，因為這會危害他所創造的一切。他的成人自我覺得失去了控制，並且感到羞愧和生氣。錢德勒奮力地試著讓自己振作起來、讓一切都能順利進展。他為了家人努力康復，但越來越重要的是，他正慢慢學會如何尊重並愛護自己。

錢德勒開始做出界線聲明，像「我是有價值的」、「我不會在工作的時候讓他們欺負我」以及「我要為自己發聲並保護我的所有部分」。給他妻子的界線聲明（外在界線）則是告訴她自己當天的感受，以及他在某些事情上是如何需要她來幫助自己。這樣他就可以不用每件事情都要設法自己處理，然後事後又要怨恨他太太。

他不僅要學習如何生存，也要學會在情感方面成長茁壯，並且設置嚴謹的界線。他擺脫了只把自己視為一個僅能勉強度日或是交了好運的更生人的這種模式。他曾入獄服刑的這一點已經成為了他必須在內心當中囚禁自己的牢籠，但隨著他由內向外的自我療癒以及自我價值的發現，這種假象開始漸漸消退。

我想要說清楚的是，遵循 HEAL 療程並沒有直接解決錢德勒的毒癮問題。在我們的整段療程當中，他都一直前去參加戒癮的聚會，而且也有戒癮會的互助夥伴來幫助他。他可能一輩子都會受到毒癮的誘惑，並且永遠都需要努力地自我康復。HEAL 療程幫助他的地方在於讓他能夠有意識地辨別發生在自己身上的事情，使他不會無意識地做出情緒反應上的選擇。當本身的自尊心、謙遜的態度、給予自己的呵護、以及對內心的臣服能夠長期獲得改善時，成癮問題往往就會逐漸減退。

現在他能夠發現自己心中的感覺對他有什麼話要說、他應該要如何處理這些感受，以及他要怎麼樣保持清醒。他可以和他年輕的受創自我進行有意識的交談、設置嚴謹的界線，並且教導自己不受觸發因子和毒癮的影響來避免自己吸毒。藉由HEAL療程，他再次找到了真實自我，也重新尋回始終存在自己心中、卻被一道假象埋藏起來的所有一切。如今錢德勒已制定了一套明確計畫，用來防止他的成癮自我在癮頭被觸發時使用毒品。這個預防毒癮再犯的計畫以及他用來療癒二十一歲受創自我的療程相互分開的。他永遠都必須努力克服自己的毒癮。

錢德勒是我目前心目中的英雄之一，而且這是我的肺腑之言。我對他的治療過程感到自豪，也十分驚嘆於他的勇氣、他的堅韌、以及他重新取回自身權力和自我關愛的故事。

培養實用反應工具

你在設置界線方面下了很多工夫，而且對自己的界線系統也有長足的了解。學會設置健全的界線是HEAL療程當中相當重要的一環，再者你在界線上的努力也將助你打造適合目前人生的全新的實用反應工具。你已經檢視過你的受創工具箱、看到了所有在孩提時代對你發揮了很大作用的陳舊工具和衝動反應。你要心懷感激，並且知道在你真正需要它們時，這些工具和反應至始至終都在那裡等著你來運用。不過現在是培養一些嶄新工具的時候，這些專門為你設計的工具完全符合你目前人生中的為人以及所在之處。

透過這段療程，你也發現了自己並非總是以好的一面來自己或他人現身，或是自己是如何地躲避他人以及某些局面。現在則是要以更為和善、更加溫柔的角度來看待自己。在你持續你的療程之際，請觀察自己，而不是加以譴責。

練習：開發全新的實用工具

藉由了解你的腦袋是由你來控制、而非受控於自己的腦袋，這項練習將能助你開發一些新的實用情緒反應工具。關於你想要如何體驗自己，你會對自己的腦袋做出什麼樣的指示呢？

在筆記本中空白頁面的上方寫下這些字：「為了自己，我想要成為什麼樣的人？」然後在下一頁的上方寫下：「我想要以什麼樣的方式為他人現身？」

在第一個標題「為了自己，我想要成為什麼樣的人？」的底下，寫出你在日常生活當中想要如何呈現自己。你可以寫下一些積極的意圖、你想要實現的目標、或者是你想要如何給予自己指示。請寫下你心中更為崇高的理想及目標。你所使用的語言是針對你心中正在慢慢療癒的那個部分，因此要選擇積極正面的話語。以下是一些積極的自我肯定的範例，用來鼓勵你要在情感上對自己開放：

- 我對自己很友善也很溫柔。
- 我找到了要去健身房的動力。
- 對於我吃得健康、能夠滋養身體，我感到很自豪。
- 我對生活中的一切心懷感激。
- 我每天都在讚許自己的康復之旅。
- 我會清楚且關愛地向自己表達我的內在界線。
- 當我抽菸或喝酒時，我會做出負責任的選擇。
- 我尊重我的自我意識，並且知道什麼對自己有益以及無益。
- 我正在學習對自己展現情感上脆弱的一面。
- 我能夠拒絕某人，承擔這個決定，並且不會感到內疚。
- 我每天醒來之後都能發現生活當中的積極正面之處。
- 我臉上會掛著微笑，用來提醒自己我受到了他人的關愛。
- 我正在把謙卑的態度帶進我的人生當中，這樣我就可以接納並愛護心中的所有部分。

請盡量多寫、然後想寫多久就寫多久。

對於你希望如何為生命中的其他人現身，請在第二頁的「我想要以什麼樣的方式為他人現身？」寫下你的想法。你可能會想替自己創造一些積極的意圖。另外當你和他人互動時，你或許也會希望思考一些更為崇高的理想。以下是一些積極的自我肯定的範例，好讓你在情感上對他人開放：

- 我知道自己什麼時候需要和別人相處，什麼時候又需要一些獨處時間。
- 我的身心都在我的伴侶或配偶身邊。
- 對於我會讓什麼人圍繞在我身邊，我的選擇都很不錯。
- 我會對他人表現出同情心。
- 我會尊重自己的界線，並會選擇能夠比照辦理的同伴。
- 我會清楚且堅定地對他人申明我的界線。
- 我正在學習對他人展現自己情感的脆弱面，並且不把它視為弱點。
- 我在人際關係當中對自己的感覺很滿意。

練習：開發全新的實用工具

- 我會尊重他人的感受，即便我不了解這些感覺。
- 在與他人的交往連結當中，我覺得受到尊重、愛護和信任。
- 我的人際關係是會互相付出、彼此扶持的。
- 我在人際關係當中會表現出謙遜的態度。
- 對於那些我覺得相處起來很安心的人，我正在對他們敞開我的心胸。

再次強調，請盡量多寫、然後想寫多久就寫多久。

你在這個練習當中寫下的目標和理想並不是什麼神奇的公式，能夠讓你在生活當中創造立即的轉變或是嶄新的局面；它們是你會開始替自己堅持的理想，而且隨著時間推移，它們還會幫助你開發新的實用反應工具。你正在為你理想的行為來設定意圖，因為帶有明確意圖的能量將會幫助你分辨並設置更好的界線，這樣你就會吸引其他擁有健全情感和良好界線的人來到你身邊。（你可能會想要在六個月或一年之後回顧這份清單，來看看自己是否在生活當中表現出這些積極正面的自我肯定作為。）

你在一段時間過後就會開始發現並感受到不同之處，因為你正在有意識地創造著自己的世界。你再也不是做著白日夢，而是活在當下、活在這個豐盛的人生。

使用你新獲得的工具

你正藉由 HEAL 療程來學習如何有意識地創造人生，而設置界線就是你可以用來解鎖真正自由的一把最重要的鑰匙。你的情感已經漸漸不再像是機械般運轉和反應，也擁有一些工具可以隨時讓你確認自己的界線狀態。你能夠檢視並詢問自己對某事有何感受以及你想要做出哪些選擇，這就是你的內在界線系統正在發揮作用。你也可以詢問自己的感受，接著再決定要向對方說些什麼，至於這點就是你的外在界線系統在發揮功用。

解鎖真實人生的另一把關鍵鑰匙則是使用你新獲得的實用工具。學習設置負責任且健全的界線和運用實用反應工具，都是療癒自我、擁抱真實人生的關鍵步驟。健全的界線可以在不犧牲你與他人關係的狀態下，尊重自己的需求、渴望和心願。

當你對心中的受創部分表明，你可以負責任地處理在過去會觸發你的狀況、也能夠設置健全的界線時，你就是在向自己的所有部分展現它們能夠放心地交由你來做出成熟、負責任的選擇。對自己負起責任會讓你的受創部分放下堅持，並且使它相信成人自我會設立良好的界線、保護心中的所有部分。以上都會促成自我融合的最終治療目標，使你能夠擁抱真實的人生。

按下重置按鈕

培養新的實用工具並學習使用它們需要一些時間和練習。當你發明新的回應方式時，你需要反覆地嘗試並且犯錯才能獲得正確的結果。我們來假設你在與某位朋友交談時，說了一些你當下就知道聽起來有問題或是並非自己本意的話。就在那一刻，你可以按下「重置」按鈕並且更正你的錯誤。

當你意識到說了一些不是自己本意的話時，你只需要停下來、深吸一口氣，然後向對方說：「對不起，我不是有意這麼說的。我的意思是……」你可以馬上按下這個重置按鈕然後重新再來一遍。這是一個非常實用的工具，特別是在你練習新的界線和行為的時候。它會立即復原這段對話、使其重新開始，並且為你與其他人的溝通交流帶來全新的動態。你就是在向對方表達你所使用的語言是有意圖展現你的尊重的。

我常把這個工具傳授給前來找我看診的伴侶。在一段感情當中，我們會養成一種不假思索的溝通方式，由於彼此太熟悉了，因此常常想到什麼就脫口而出。這可能導致兩人間的關係出現問題，但是藉由使用重置按鈕，你可以立即或稍後就重頭開始，消除任何誤解或感情上的傷害。

你可以把重置按鈕的概念套用在生活上的許多方面。沒有必要在結束交談之後馬上就因為自己惡劣的言行感到自責。你可以轉過身來、說出你的真話、必要時向對方道歉，然後以清晰、理智的方式表達出你的意思。這樣做一點也不難，你只是需要一些勇氣就能展現出自己心思脆弱的一面。

使用重置按鈕能夠幫助你更加自覺地意識到你對他人做的選擇和回應。它可以助你放慢速度、避免使用速成的溝通方式，並且更加尊重他人。

轉變觀點

轉變一下視角，看看生活中某些局面可能會出現什麼不同的樣貌，這是一種健全且有效的工具，有助於改變人生。你可以花點時間來看看生活中一些痛苦或不安之處，然後問問自己需要哪些東西或是要有本身控制範圍內的什麼事物才能改善該種情況。

你不能改變那些自己無法控制的事情，但是你可以改變自己在這些狀況下的行為舉止和互動方式。對於自己的腦袋以及你如何處理本身的感受，你確實是有能力掌控的，因此你可以選擇一種更有效用的方法來處理某個情況。

拿出你的筆記本並找到一張空白頁面，在該頁的上方寫下：「我生活中想要轉變的事物」，然後寫出一些你在生活中期盼改變的狀況。在每段敘述的下方，發揮想像力來幻想自己若是有一根魔杖的話，你會如何改變這個局面。當你回顧每一點時，問問自己是否有某個衝動工具會阻礙了你的這些幻想。有沒有任何你所相信或是正在做的事情會為這種轉變造成障礙？

這個練習只是為了幫助你能夠發現自己在哪些地方有能力改變你對某種情況的看法以及你的感受。你療程當中的許多環節只要轉變自己的觀點就能辦到。

在下一個章節裡，你將會學習如何把你的內在小孩融入到會保護你的成人自我當中，這也就是HEAL療程的最終目標。隨著你逐漸設置界線並練習使用新的實用工具時，你正在療癒的幼童自我也在慢慢地與你負責任的成人自我相互結合，並且培養出對於各種人們、局面和環境背景的意識與認知。你正在鍛鍊你的情感肌肉來建立並適應這種平衡。你的內在小孩和負責任的成人自我之間的相互融合能夠豐富你的人生經歷，並且造就機會來拓展你的心靈成長。

第8章 融合受創的小孩

療癒後的內在小孩會成為活力與創造力的泉源，使我們能夠在生活中找到新的喜悅與能量。

——約翰・布雷蕭（John Bradshaw）

你會永遠記得發生在你身上的事。你的經歷和時間軸都專屬於你，而且你的記憶也將永遠伴隨著你，但你不希望它們一直都是最重要的焦點。由於你在這個療程當中付出所有努力，內心創傷已經慢慢地開始軟化、療癒以及轉變，並且融入你的負責任的成人自我。或許你已經注意到這份創傷正慢慢變為人生當中一個無足輕重的註腳，而非某個章節的主旨。

你在進行HEAL療程時可能對自己得到了全新的見解，這就是你拓展並成長為真正自我的方式。藉由本療程，你正在學習以一種新的方式來看待和感受你目前已知的現實。你的人生和翻開本書之前沒有什麼兩樣——大概都是相同的工作、相同的感情、相同的友誼，但如今你正在學習以不同角度看待你的生活。

你可能會注意到你放在時間軸上的記憶並不像以前那麼容易受到觸發或感覺起來那麼赤裸。這是因為你鼓起勇氣來面對並檢視這些問題，同時也處理了一些相當艱難的感受來一步步療癒自己。你面對的事物是自己內心一度覺得十分巨大且可怕的存在。

你可能會發現，擁有這樣的認知是一種循序漸進的轉變，你會開始注意到自己不再對過去某些深受困擾的問題感到傷心難過，而且內心有些事物的音量也不會那麼大聲，你也不會很容易就被自己的受創記憶觸發，因為你正在治療那個痛苦的創傷。如果上述對你來說都是真的，那就意味著你已經付出了很多艱辛努力來療癒並減輕這份苦痛。你正在療癒你長久以來感到熟悉的創傷。

如何知道自己正在療癒

人們經常問我，要如何得知何時才是療癒的盡頭。簡短的回答就是：當你的情緒不再被某些情況觸發的時候。你仍會記得發生過什麼事，但不會對它有情緒上的反應，也不會有任何特別「大不了」的感覺。身為一名心理治療師，我認為這能夠顯示一個人的療癒程度，以及他們是否已經克服了自己的創傷。

你或許正與他人建立更安全的關係，由於你得到設置界線的嶄新能力，這麼做會讓你感到自由及開放。你現在也很容易就能發展出正常有用的關係，因為你能針對自己在這段關係當中所處的相對位置來更加關注自己，而非被動地對某種狀況做出反應而已。

你正在與真實自我重新建立連結，在你的內心一直是個充滿平靜與睿智的地方，但是它卻被別人投射到你身上的假象以及你自己對某些狀況的誤解所掩蓋。你正在學習如何鼓勵自己進行積極正面的自我對話，並且督促真實自我挺身而出、茁壯成長。

你內心的創痛正在放下受創情緒反應工具和衝動反應，也正在學著相信負責任的成人自我會出面保護它。

你心中的創痛知道也感覺得到負責任的成人自我正在設置實用界線。這些受創部分感覺起來不會像從前那樣防備重重，而是逐漸舒緩放鬆。

你心中的受創部分不再受困於時光之中。你正在努力讓這些部分與負責任的成人自我融合在一起。

你再也不會把受創的人吸引到自己的生命裡，只為了讓你能夠解決他們的問題，或是照顧或拯救他們。

你再也不會無意識地與他人一起重演自己的情感創傷，因而和對方陷入功能失調的關係模式。

如果打算與人交往，你可能會注意到自己再也不會被過去你喜歡追求的那種人吸引。你能夠有意識地發覺他們在許多方面來說都不適合你。你如今正在做出更好的選擇，而且會被那些已經療癒自己的人所吸引。健全的人會彼此相吸。

既然你正在設置健全的界線，你心中的受創部分就再也不需要那麼激烈地保護你。它也不會像以往那樣感到如此受傷、困惑、悲痛、孤獨和憤怒。且讓這樣的轉變洗滌你的心胸，同時令陳舊的創傷慢慢消逝，一度迷惘的內在小孩也能與你負責任的成人自我相互融合。

信任是智慧和誠實的結合。

——蘇米婭．克莉絲汀．馬蒂斯（Soumya Kristin Mattias）

以上的所有改變都顯示你的受創自我正在痊癒，並且正與成人自我融合在一起。受創自我一直在關注著負責任的成人自我挺身而出、設置界線，並且保護自己的一切。因為你正在運用實用反應工具來探索駕馭你的世界，因此放下受創工具如今會讓你感覺非常舒適。

透過以下方法，你每天都會知道受創自我正在慢慢融入負責任的成人自我，而且自己也在逐漸療癒當中：

- 你會有更大的自由感。
- 你不再容易被觸發。
- 你會感覺更輕鬆、更舒適。
- 你不像以前那樣難過、受傷和憤怒。
- 你和他人處於一種相互連結、彼此開放的狀態。
- 你再度感覺像自己了。
- 你對自己和他人都更友善、更溫和。
- 你更加信任、愛護和尊重自己。
- 你感到平靜與睿智。
- 你覺得心中有根刺被拔起了，或是遭到囚禁的自己已經獲得釋放。

當你感覺與內在小孩更加融合時，請允許自己吸引那些擁有嚴謹界線、與真實自我相互連結的人走進自己的生活中。雖然你以前都沒注意到，但現在你或許會發現其他人是如何一直在設置界線。

也要記得練習說小小的「不」，因為這樣做會鍛鍊並強化你的界線肌肉，接著等到頭腦清醒、心生勇氣時，再練習說出更大的「不」。但要記得當你拒絕別人的時候，在多數情況下都可以之後再答應對方，只要你願意的話。請勇敢地運用你的界線來保護自己，這是你應得的。

你在進行前面的章節時，可能都是在腦中練習申明自己的界線。如果你在需要的時候一直沒有把它們大聲說出來，那麼現在是時候了。如果某段記憶不斷循環出現，而且無法自腦海中擺脫，你就重新評估與它相關的界線聲明，或是現在就創建一道新的界線。

轉變時期

在歷經人生轉變之際，某些部分會顯得凌亂不堪，不過這種現象很正常，因為並非所有在你生活當中出現的人都是處於跟你相同的狀態。你現在對於你自己、你的人際關係以及你如何身處在這個世界，都得到了更加廣泛的認識。你應該利用這個機會來客觀審視你的人際關係，並且想想它們對你來說是否健全、以及你從這些關係當中到底獲得了什麼。你應該在此時意識到你可以創造自己的人生，而不是僅對人生做出反應而已。你只要記得生活當中的其他人不一定身處在這個轉變過程中，而是各自走在自己的旅途上。

隨著這種新觀點的出現，現實也因而產生了改變。對於你自己和你的人際關係，你可能會迷失了方向。你或許會覺得與你配偶、伴侶或朋友之間的連結消失了。此時你可能會開始質疑一切，因為事情帶給你的感受並不若往常一樣。你或許會覺得自己即將踏入全新的開始。

當你在自我治療時，你其實正準備離開某個現實，進入一個全新階段。你的心中可能仍舊渴望著這個已知現實，即便它並不總是愉快的、人際關係還帶有著毒性。就算如此，你或許仍會覺得：「沒錯，它的確是個爛攤子，但它卻是屬於我的那個爛攤子。」

如今你不知道自己即將步入什麼局面，甚至連往後的方向也不清楚。不過展現自己脆弱的一面是需要勇氣的，而且在創傷慢慢披露、自己學會放手、以及在治療時重新認識自己的這整段過程中，這種失落的感覺也是相當自然的一個環節。你必須擺脫這個部分的自己，好挪出空間來讓自己療癒、繼續前進。你正在學習如何允許自己放棄這些曾經讓你在生命中迷惘多時的各種不良循環。

你可能只會開始發現人際關係中不好的部分，對好的一面卻完全視若無睹。你可能會清楚看見某些事物並且明白自己需要做些什麼，但對其他狀況卻感到一如既往的疑惑。這些症狀時常會令人感到困擾，因為你喜歡自己的感受以及得到的進展，但看不到其他人的生活正在發生什麼變化。這是因為並非你生活當中的每個人都在接受治療或經歷這個過程。他們欠缺你在培養的觀點，因為你正在以不同角度看待你自己還有你的家人和朋友。

蘿拉也有過類似狀況。我從前有段時間曾幫助她療癒受創部分，她也表現得非常出色。她完成了所有步驟，也對人生當中的許多面向產生新的認知。她說她的治療狀況還可以，不過卻感到悲傷困惑，也不確定下一步該怎麼做。她後來透露她準備乾脆停止治療，因為她不清楚當下的情況，也不知道自己為什麼會有這些混亂交雜的感覺。她心中的某一部分想要重回過去的現實，並且拿出舊有的受創工具來使用它們——至少它們感覺起來很熟悉。她說儘管她正在學習新的方法來理解自己也理解她的女友，但她還是對未知的一切心生恐懼。

我向蘿拉解釋了這段轉變時期，而且有這種感覺也很常見。我們聊到了伴隨這個療程而出現的失落感，因為這當中存在著一些源自深層潛意識方面的悲傷成分。蘿拉和她女友之間以往相處的那顆感情氣泡是她所認識也了解的，但現在她卻是在使用新獲得的實用反應工具。她並沒有逃向她用了幾十年的舊有受創反應，而是脫離了氣泡、探索自己心中的全新部分、並以不同方式來與她的世界互動。隨著她繼續培養更嚴謹的界線以及更加有用的情緒反應，這一切也同時令她感到既興奮卻又恐懼。

每當你重新進行HEAL療程時，你都會產生更美好的感受，也會拓展你對自己和現實的認知。你所進行的旅程將帶你從一個情感封閉且雜亂之處，通往一個感覺既自由又開放的境地。

縮短差距

在日常的觀察和辨別當中，你可能會注意到自己的生活存在著差距，一邊是擁有良好的互動——也就是與他人建立健全且牢固的連結時，另一邊則是當你舊有的行為舉止又故態復萌的時候。這是學習新技能時會自然發生的狀況——你不會立刻就變成專家。要縮短這些差距，不是開發特定工具以便在某段關係中使用，就是要持續運用已經培養好的界線工具。

請注意有哪些關係會令你安心，又有哪些關係讓你覺得互利互惠、腳踏實地且感到滋養。現在再看看有哪些關係感覺並不對等，而且在你離開之後並不會讓你對自己或對這段關係擁有良好感受。以上的重點在於觀察你與自己和他人之間的互動方式，以及在何處使用你所學到的工具。這跟評判自己無關，而是在於使用你的辨別力來決定你的角色是要主動創造還是被動反應。請注意自己在哪些方面表現得很好，以及你的實用反應工具在哪些方面又存在著一些差距。

當一段關係裡某些方面進展不順利，你可能會認為自己沒有改善，或是同樣的事情又像以前一樣不斷發生，不管你怎麼做對方都不尊重你的界線，又或是你正試圖設置界線卻遇到阻力、接著就不再試下去。雖然你對這套功能失調的劇碼感到沮喪，但是非常希望事情有所改變的你仍舊再度嘗試。這種反覆開始和停止的狀況在學習新技能時是很正常的現象，但是它在一段關係當中可能會呈現出雜亂的訊息。

如果這種情況發生在你身上，你可能會需要重新評估自己的情緒反應工具。你是否還在使用一些熟悉但不怎麼有效的衝動反應？你可以利用這個機會來複習第四章當中、你在「練習：毫無界線，抑或糾纏不清」裡頭所給出的回答。不過更重要的是，不要僅是因為對方不尊重你的界線就認為有問題。對方可能想要迴避這個話題，或是不喜歡你說出的話，又或是有自戀的傾向。不管情況如何，你可能都會想要觀察並評估這段關係。當人際關係的動態沒有改變和療癒的時候，你可能不願意設置界線。你可能很難說出自己的真話，或是可能想要採取間接的溝通方式，又或是害怕自己如果據實以告的話有可能會失去這段關係。或者你不想引起爭論，也根本不想說出真話。這樣子的逃避其實就是恐懼，但是你比自己認知的還要堅強。就算人際關係的動態沒有改變、事情也沒有改善，你在內心當中取得的進展仍是超過你的想像。無論你多麼努力，但是與他人的關係就是沒有改變時，看看有哪些地方是你可以改變及控制的，然後評估這段關係對你來說是否充實。你可能會發現自己的人際關係確實會隨著時間而改變。由於你正在辨別什麼感覺起來是對的、什麼是有效的、以及什麼是對你不利的，因此這種重新評估關係的漸進過程是需要時間來慢慢進行的。你正在學習信任自己、信任這個過程。

人與人之間的關係是動態的，因此總是在不斷改變和蛻化當中，即便是在既定、穩固、有功用的人際關係當中，差距也會不斷產生。這就是你必須檢視自己內心、評估是否某處沒有產生連結、以及辨別自己為何沒有和他人達成協調的時候。在不違背本身界線的前提之下，問問自己有哪些方面是可以控制或改變的，好讓這段關係能夠發揮更多功效。請記得，你的療癒過程是由內而外進展的。僅是因為你的外在世界無法完全反映出你的內心感受，並不代表你有什麼地方做錯了，而是意味著你無法控制他人。你正在過著真實的生活，而且遲早會吸引並培養出那些感覺充實、互利互惠和具有意義的人際關係。你要掌握自己的人生選擇，而不是為了讓自己安心而尋找其他人來加以改變。

當你進行治療的同時，與你協調且一致的人們會隨侍在你的身邊。那些沒有辦法與你目前的真正自我產生連結的人則是會開始漸行漸遠，畢竟同頻共振、同質相吸。你本身的調和將會與其他完成治療的人產生共鳴。你根本就不需要瀏覽聯絡人名單來一一剔除某些人。與他人關係的建立與斷開會自然發生，而且你也可以看到誰能夠與你一同成長、誰則是陷入使自己功能失調的創傷中。

請持續觀察自己和他人，並且要記得你現在擁有能夠用來為自己創造正面結果的實用反應工具。你想要順著自己人生的律動生活，並且理智、有意識地認知你所做的選擇。你再也不用被動地對人生做出反應，你就是自己人生的創造者。

請在每天結束後，盤點你與自己和他人進行的互動。請注意自己在設置界線方面表現優異之處，以及你的界線當中仍存在著差距的地方。請注意你在哪些方面對他人做出了良好回應，在哪些方面則是需要練習運用實用反應工具。請注意你有哪些時候能夠好好地鼓勵自己，哪些時候又仍舊在責怪自己。請注意你在哪些地方拓展或是退縮。

如果你覺得自己與他人有著很好的互動，那麼我要恭喜你。你正是在對於你自己和你的人際關係表達尊重與讚許。如果你在某次互動之後依然感到怨恨或不安，那麼就要重新評估你在這段關係中的角色，並確定你是否需要更好的內在或外在界線。這並不是要求完美，而是在於仔細觀察、溫和地引導自己與本身和他人建立良好的關係。

你已經進步很多了

你已有了長足的進步，遠比你意識到的還要多，想想你所學到關於自己的一切以及你的療癒程度就可以知道。你對於自身的認識與療程剛開始的時候相比，可能會有相當大的差距，你不但允許自己打破你心中對於本身的藩籬與假象，而且還在學習檢視並承擔自己的傷害、痛楚和恐懼。對於童年時期的所有創傷經歷，你也正在了解如何在自己心中溫和地為它們畫下句點、找到解脫，而且你對自己和本身的受創過往也一直誠實以對。HEAL療程幫助你發現那些以往潛藏在心底的創傷是如何以間接的方式不斷浮現，直到你承認心中確實存在著這個迷惘的部分並且賦予它聲音之後才會停止。

你能夠辨別出自己的過往歷史中有哪些部分承載了這個創傷，並且幫助它清楚地傳達出那些被深埋已久卻從未消逝的感受。你也可以藉此來評判苦痛的程度、在心中量測這個創傷的強弱。

你創造了一個對話的機會，讓心中的傷處能夠與無法理解也無法看清現況的成人自我進行溝通，這種交流可以幫助你立刻清楚地知道自己心中所有部分的感受、以及這些受創部分何時會出現在你的日常生活裡。你也鼓勵了負責任的成人自我——雖然一直與你同在卻可能隱身在背景中——來挺身而出、取得它應有的力量以及控制權。

一旦能夠觸及心中的所有苦痛，而且負責任的成人自我也可以包容年輕的受創部分，那麼這個受創部分就能開始和緩下來、並相信你會盡全力來保護所有的自己。你使用的界線則是能夠提醒你心中的所有部分，你可以在個人的人際關係當中保護自己。這些界線是讓你不會偏離正軌的基礎設施，使你能夠實現自己的夢想和意圖。

如今你的受創年紀再也不會顯得如此醒目、企圖引起你的關注。它也不再會被觸發，因為你學會了傾聽這份創傷、聽見它的呼喚、並且解決它的需求。你正在發覺自己做對的地方，而不是僅注意到自己的錯誤之處。

不要讓任何事阻礙你尋回真實自我。要繼續練習設置界線的技巧、誠實道出內心的話，並且盡力過真實的人生。同時也要複習你在先前練習所寫下的筆記和回答、注意你當時是如何描述這些事件和狀況的，然後重讀療癒信，接著再問問自己如今你是否會用同樣的方式和感受字詞來形容這些相同的事件。你現在對它們的感受是否和你寫下它們的時候一樣？還是你的觀點有了改變，你對這些經歷現在也有了更睿智、更冷靜的看法？

你的人際關係發生了什麼樣的變化？你注意有哪些模式正在不斷發生，哪些部分又是你能夠控制的？既然你目前正在成長和拓展之中，你眼中和耳裡的人們是否也有不同？請注意自己會如何受到真實、平衡和快樂的人們所吸引，而不是那些過於戲劇化的情感吸血鬼。你要留心這些人際關係，並且傾聽你的潛意識——你腦中睿智的那一面——所告訴你的話語。你要持續相信你的感受、也要不斷說出你的真話，這樣你就可以對自己抱持更多的自由感和關愛來繼續過著人生。

擁抱你的真實自我

你的內在創傷不再深陷於雪花球當中、一直想著到底有沒有脫困的出路。你很快就能享受情感上的自由，也可以擁抱真實的自我。你正在了解如何成為擁護並捍衛自己的最佳人選，以及如何在掙扎奮鬥與成功勝利之際與自己同在。對於心中曾一度覺得迷惘與遺棄、如今則融入也受你擁抱的那些部分，你也正在學習如何包容且珍惜它們。

你已經學會了一些新方法來與心中那些始終對你不離不棄、真實且堅韌的部分重新建立連結，並且鼓勵它們不要蜷縮蟄伏、而是要再度現身。你也學會了要如何敬重自己的創傷和勝利，因為它們都各自具有價值，就如同你的所有部分都有其價值一般。你還學到了即便自己並非完美無缺，你仍舊是完美的不完美、是獨一無二的存在。

你的自我療癒將對所有人際關係產生連鎖反應。藉由如實表達自己，即是向他人展現你對自己的關愛、信賴和尊重。其他有著相同目標的人們則會受到你的吸引，因為你擁有他們所渴求的東西。

由於努力不懈的自我療癒，你將能夠真正地挺身而出、在情感上對自己和他人都不會缺席，而是保持開放。你將能夠清楚明確地說出你的真話，並且在每段關係中都尊重自己。當心中的受創部分浮現時，你也將能夠一一辨明它們、接受它們的到來、並且知道自己需要做些什麼來將其療癒。

感受自我關愛的光芒在你心中逐漸亮起，填補那些曾經存在著痛苦和傷悲的黑暗裂縫。讓這股光芒覆蓋你的全身，就像是你沉浸在一生渴求的療癒之泉裡。感受你沒有半分虛假、全然真實的自我向外浮現，並且一天一天成長茁壯。

過著真實人生

你正在學習如何有意識地創造自己的人生、並非僅對這個世界做出反應，而且也能逐漸過著真實的生活。當你完成HEAL療程的時候，你就會明白擁有清晰的看法是能夠以療癒觀點來看待自己的關鍵。

讓自己對這一點高度專注的方法之一就是為自己制定一些意圖。擁有明確的意圖會使你保持堅強、讓你忠於自我，並且幫助你開始一步步地成為人生的創造者和體現者。這些意圖將助你辨別你是走在自己的道路上，而不是盲目地追隨別人。

意圖是更高層次的理想或目標，其訴求對象是你心中正在療癒並尋求平衡的那個部分。這些是你想要呈現出來、珍惜愛護和渴望達成的自我特質。這些對自我的聲明是以積極正面的語言寫成的。以下是一些供你參考的意圖，當你需要某些話語來溫和地向自己提醒本身的力量和智慧時：

- 我會友善和溫柔地對待自己。
- 我愛我自己。
- 我相信我自己。
- 我尊重我自己。
- 我找到了令自己活動起來的動力。
- 對於自己吃得健康因此能滋養身體，我感到很自豪。
- 我尊重我的自我意識，並且知道什麼對自己有益以及無益。
- 我能夠拒絕某人，承擔這個決定，並且不會感到內疚。
- 我每天都會用盡所有方法來過著最充實的人生。
- 我的界線會助我在人際關係當中得到安全感。
- 對於我會讓什麼人圍繞在我身邊，我每天都會做出更好的選擇。
- 在與他人相處時，我對自己的為人感覺很好。
- 我生活中的人會讓我覺得受到尊重、愛護和信任。
- 我的人際關係會扶持著我，並且讓我感到互利互惠。
- 我會把情感健全以及人際上創造正面關係的人們帶入我的生活。

- 我很感激自己能夠繼續改善我與自己之間的關係，因為說到底，我是最重要的那個人。
- 我對自己的一切勤奮努力和辛苦成就感到自豪。
- 如今的我比以往自己的想像當中都還要來得更加睿智。

請使用這些意圖來當作依據，然後創建符合心目中真實人生該呈現何種樣貌的意圖。這些意圖當中可能有些已在你的生活中發生，可以使用它們來助你持續培養新的實用反應工具。它們將幫助你辨別和設置更好的界線，好讓你能夠與自己和他人建立有效的、關愛的人際關係。

以下的這些訊息，我希望你能在內心深處感受得到並加以理解。請把它們朗讀出來，並且是發自那個包容著已療癒的自我、感受到自我關愛獲得鼓舞且日益成長的內心明智之處。

在通往真實自我、自我療癒的道路上，我的每個步伐都走得清清楚楚，也敬重自己到目前這個階段所做的努力。我對我的付出感到自豪。

當我觸碰到自己的創傷時，我深知我感受到的那種痛楚，同時也允許自己對這些感覺心生脆弱。我現在意識到我有多麼堅強。

我曾被言語傷害過，但我現在會用我的言語道出心中柔善的真話，並且去鼓舞、去捍衛自己。我值得為我自己大聲發言。

我知道我比自己認為的還要強大。

我的成就和經歷，無論是大是小，都造就了我豐富的人生。我不斷以希望和信任來迎接每一天，同時也感受到我的內在力量。

到目前這個階段，我知道我已經療癒了自己的情感創傷以及心中有待復原的那些部分。不論是現在或是以後，我都代表了自己最好的一面。

我知道自己仍有待進步，前方或許也還有各種挑戰等待著我來療癒，但現在我對自己感覺很滿意。我每天都在享受著這段旅程。

我覺得許多自己的童年創傷經歷都溫和地畫下了句點。對於帶我走到這一步的種種辛勤努力，我感到非常滿足。

由於我對自己內心的治療，使得我與自己和他人之間的關係更加牢固。我愛我自己。

我知道我的治療成果所產生的連鎖反應會觸及所有我遇到的人。我正大步走在我真實的人生道路上。

我知道我沒有辦法單靠自己就能走到這個地步，我在旅途中遇到的所有人都幫助我了解自己的力量、勇氣和脆弱之處，對此我深表感激。對於那些真正愛我的人，我感到了與他們的深刻連結。

隨著你不斷展現最好的自我，並且愛護、信任和尊重自己，我也要祝福你的未來仍有許多充實美好的日子等待著你。你已經圓滿地繞回了你最初的原點。你心中迷惘的受創部分完全融入了你負責任的成人自我。你再也不會迷失方向，心中的創傷也不復存在。你已經重新回到了真實的自我。歡迎回家。

在你交纏糾結的一切解開之際
你將會低頭望向自己的雙腳
發現它們帶你走過的旅途是如此遙遠漫長
然後你會決定自己總算能夠
好好坐下
好好休息
好好伸出雙手
好好抬起頭來
好好敞開心扉
發現畢竟自己從來都不孤獨

連一分鐘的時間都不曾寂寞

發現那份愛始終都在
在她可怕的寂靜當中
但不太確定該怎麼說才能讓你相信她
相信她說你是世界罕見的美麗存在
發現她還留著你的通心粉項鍊
發現她一直跟隨在你身邊
編製地圖來記錄你曾迷失方向的所有地方
好讓你在時機到來時知道該如何返回原地
讓一切終能得到平息[1]

注釋

1 摘錄自珍恩・李曼（Jen Lemen），《愛會找到你》（*Love Will Find You Out*）。取得授權，得以轉載。

附錄A 感受列表

以下列表列出了許多可以用來描述心中感受的字詞。這些字詞共分成兩大項目：當我們的需求得到滿足時的感受，以及當我們的需求未得到滿足時的感受。

當你想要表達具體感受時可以查閱這些字詞，好讓你能夠清楚明確地傳達心中的感覺：

當我們的需求得到滿足時的感受

表示**愛的**（**AFFECTIONATE**）

富有同情心的（compassionate）

友好的（friendly）

關愛的（loving）

真誠的（open hearted）

同情的（sympathetic）

溫柔的（tender）
溫暖的（warm）

表示**投入的（ENGAGED）**

全神貫注的（absorbed）
有警覺的（alert）
好奇的（curious）
專心致志的（engrossed）
入迷的（enchanted）
出了神的（entranced）
極感興趣的（fascinated）
感興趣的（interested）
被迷住了的（intrigued）
關係親密的（involved）
入迷的（spellbound）
受激勵的（stimulated）

表示**滿懷希望的（HOPEFUL）**

期待的（expectant）

受到鼓舞的（encouraged）

樂觀的（optimistic）

表示**自信的（CONFIDENT）**

可掌控自己命運的（empowered）

毫不隱諱的（open）

自豪的（proud）

安全的（safe）

安心的（secure）

表示**興奮的（EXCITED）**

十分驚奇的（amazed）

生氣勃勃的（animated）

激情的（ardent）
引起興趣的（aroused）
感到震驚的（astonished）
為之傾倒的（dazzled）
熱切渴望的（eager）
充滿活力的（energetic）
熱衷的（enthusiastic）
飄飄然的（giddy）
活躍的（invigorated）
生氣勃勃的（lively）
熱情的（passionate）
驚訝的（surprised）
熱情洋溢的（vibrant）

表示**感激的（GRATEFUL）**

感激的（appreciative）

感動的（moved）
感恩的（thankful）
感動的（touched）

表示**受到啟發的（INSPIRED）**
十分驚奇的（amazed）
敬畏的（awed）
覺得驚奇（wonder）

表示**快樂的（JOYFUL）**
被逗樂的（amused）
使人愉快的（delighted）
高興的（glad）
快樂的（happy）
歡欣的（jubilant）
滿意的（pleased）

開心的（tickled）

表示**興高采烈的**（EXHILARATED）

極幸福的（blissful）

欣喜若狂的（ecstatic）

歡欣鼓舞的（elated）

著迷的（enthralled）

興高采烈的（exuberant）

容光煥發的（radiant）

狂喜的（rapturous）

極愉快的（thrilled）

表示**平靜的**（PEACEFUL）

冷靜的（calm）

頭腦清醒的（clear headed）

舒服的（comfortable）

位於中心的（centered）

知足的（content）

沈著的（equanimous）

滿意的（fulfilled）

放鬆的（mellow）

安靜的（quiet）

輕鬆自在的（relaxed）

寬慰的（relieved）

滿意的（satisfied）

安詳的（serene）

靜止的（still）

寧靜的（tranquil）

對人信賴的（trusting）

表示**精神振作的（REFRESHED）**

有生氣的（enlivened）

恢復活力的（rejuvenated）
煥然一新的（renewed）
有精力的（rested）
精力恢復的（restored）
復甦的（revived）

當我們的需求未得到滿足時的感受

表示**害怕的（AFRAID）**

憂慮的（apprehensive）
令人生畏的（dread）
有不祥預感的（foreboding）
受驚的（frightened）
不信任的（mistrustful）
驚慌失措的（panicked）
嚇呆的（petrified）
害怕的（scared）

可疑的（suspicious）
極度恐懼的（terrified）
小心翼翼的（wary）
擔心的（worried）

表示**被惹惱的**（ANNOYED）
惱火的（aggravated）
灰心的（dismayed）
不滿的（disgruntled）
不高興的（displeased）
被激怒的（exasperated）
沮喪的（frustrated）
不耐煩的（impatient）
惱怒的（irritated）
厭煩的（irked）

表示**生氣的**（ANGRY）

激怒的（enraged）
怒不可遏的（furious）
大怒的（incensed）
憤怒的（indignant）
極其憤怒的（irate）
暴怒的（livid）
憤慨的（outraged）
感到憤恨的（resentful）

表示**厭惡**（AVERSION）

敵意（animosity）
反感的（appalled）
鄙視（contempt）
憎惡的（disgusted）
不喜歡（dislike）

憎恨（hate）
嚇壞的（horrified）
不友好的（hostile）
令人厭惡的（repulsed）

表示**困惑的**（CONFUSED）
心情矛盾的（ambivalent）
困惑的（baffled）
不知所措的（bewildered）
發懵的（dazed）
猶豫的（hesitant）
迷惘的（lost）
迷惑不解的（mystified）
困惑的（perplexed）
感到不解的（puzzled）
難以抉擇的（torn）

表示**切斷連結的（DISCONNECTED）**

疏離的（alienated）
不友善的（aloof）
無動於衷的（apathetic）
無聊的（bored）
冷淡的（cold）
毫不關心的（detached）
距離遙遠的（distant）
分心的（distracted）
冷漠的（indifferent）
麻木的（numb）
抽離的（removed）
不感興趣的（uninterested）
孤僻的（withdrawn）

表示**焦慮**（DISQUIET）
焦躁不安的（agitated）
受驚嚇的（alarmed）
困惑的（discombobulated）
不安的（disconcerted）
精神受刺激的（disturbed）
心亂如麻的（perturbed）
緊張擔憂的（rattled）
坐立不安的（restless）
震驚的（shocked）
吃驚的（startled）
詫異的（surprised）
憂慮的（troubled）
動盪的（turbulent）
混亂（turmoil）
不舒服的（uncomfortable）

擔心的（uneasy）
煩惱不安的（unnerved）
心緒不寧的（unsettled）
心煩意亂的（upset）

表示**尷尬的（EMBARRASSED）**

羞愧的（ashamed）
懊惱的（chagrined）
心慌的（flustered）
愧疚的（guilty）
極度尷尬的（mortified）
不自在的（self-conscious）

表示**疲憊（FATIGUE）**

極度疲勞的（beat）
累壞的（burnt out）

耗盡精力的（depleted）
筋疲力盡的（exhausted）
萎靡不振的（lethargic）
無精打采的（listless）
倦睏的（sleepy）
疲勞的（tired）
精疲力竭的（weary）
勞累的（worn out）

表示**痛苦（PAIN）**

極度痛苦（agony）
萬分悲痛的（anguished）
痛失親友的（bereaved）
身心交瘁的（devastated）
悲傷（grief）
心碎的（heartbroken）

受傷害的（hurt）
孤獨的（lonely）
悲慘的（miserable）
遺憾的（regretful）
懊悔的（remorseful）

表示**傷心的（SAD）**

鬱悶的（depressed）
垂頭喪氣的（dejected）
絕望（despair）
消沉的（despondent）
失望的（disappointed）
洩氣的（discouraged）
心灰意冷的（disheartened）
孤苦伶仃的（forlorn）
愁悶的（gloomy）

心情沉重的（heavy hearted）
絕望的（hopeless）
憂鬱的（melancholy）
不開心的（unhappy）
不幸的（wretched）

表示**緊張的（TENSE）**
焦慮的（anxious）
暴躁的（cranky）
煩亂的（distressed）
極其不安的（distraught）
煩躁的（edgy）
焦躁的（fidgety）
疲憊不堪的（frazzled）
暴躁的（irritable）
緊張不安的（jittery）

緊張的（nervous）
不知所措的（overwhelmed）
坐立不安的（restless）
緊張焦慮的（stressed out）

表示**內心脆弱的（VULNERABLE）**

脆弱的（fragile）
戒備的（guarded）
無助的（helpless）
沒有安全感的（insecure）
戒備的（leery）
拘謹的（reserved）
心思敏感的（sensitive）
不穩定的（shaky）

表示**渴望（YEARNING）**

羨慕的（envious）
嫉妒的（jealous）
嚮往（longing）
懷舊的（nostalgic）
渴求（pining）
留戀的（wistful）

附錄B 需求清單

某人想要的東西和其需求並不一樣，前者只會維持短暫的時間、缺乏恆久的價值，後者則是生活中不可或缺的一部分、且在最根本的層面上滿足了我們的自尊和自我價值感。辨別本身的需求會助你更加了解自己，同時也能讓你更明確地向他人傳達你的需求。了解你的需求可以讓你與自己建立更深的連結。

請查閱以下清單來確定有哪些是你目前正在滿足的需求，又有哪些是你未來想要體現的。

需求清單

有關人與人的連結

愛、關愛（love, affection）

親近（closeness）

親密（intimacy）
惻隱之心（compassion）
同理心（empathy）
關心（consideration）
包容（inclusion）
尊重他人（respect）
自重（self-respect）
友誼（companionship）
接納彼此（acceptance）
彼此扶持（nurturing）
穩定的關係（stable, consistency）
相互配合（cooperation）
相互支持（support）
相互理解（to know and be known, to understand and be understood）
溝通（communication）
感激（appreciation）

歸屬感（belonging）

安全感（safety, security）

信賴（trust）

溫暖（warmth）

群體（community）

有關身體的安康

空氣（air）

水分（water）

食物（food）

運動（movement/exercise）

休息（rest）

睡眠（sleep）

人身安全（safety）

安身之處（shelter）

有關誠實

真實（authenticity）
正直（integrity）
存在感（presence）

有關玩樂

歡樂、愉悅（joy）
幽默（humor）

有關和平

美好的事物（beauty）
思想感情的交流（communion）
舒適自在（ease）
平等（equality）
和諧（harmony）

鼓舞（inspiration）

秩序（order）

有關自主

選擇權（choice）

獨立（independence）

空間（space）

自由（freedom）

自動自發（spontaneity）

有關人生意義

覺悟、意識（awareness, consciousness）

頌揚生命（celebration of life）

挑戰（challenge）

思緒清明（clarity）

有能力勝任（competence）

貢獻（contribution）
創造力（creativity）
發現（discovery）
功效（efficacy）
效用（effectiveness）
成長（growth）
希望（hope）
學習（learning）
哀悼（mourning）
參與（participation）
目的（purpose）
自我表達（self-expression）
激勵（stimulation）
理解（understanding）

附錄C　參考資源

以下的參考資源在各種項目上會對你有所幫助。

請事先參閱你所在之處的各種資源或網站，以了解如何申聲請防治家庭暴力的民事保護令或緊急性暫時保護令。

欲取得《治愈你迷惘已久的內在小孩》配套練習本當中的額外資料、他人分享的故事，以及各種深入練習，請前往我的網站 www.theartofpracticalwisdom.com。

想要了解更多有關內在小孩的資訊，你可能會對以下著作感到興趣：

銘謝

我要感謝我已故的雙親——蘿絲・瑪莉以及鮑勃・傑克曼，謝謝你們始終對我抱持信心，並且用你們的愛填滿、拓展我的內心。在心中深處，我一直承載著你們兩位所奠定的深厚的愛、自信與家庭觀。謝謝你們不斷鼓勵我追逐我的夢想，放手一搏。我每天都深深想念你們在世的每一刻。

謝謝我的妹妹——辛蒂・范里列（Cindy Van Liere），感謝妳始終支持著我，也感激妳為這個世界所帶來的生命火花及樂觀光明。謝謝妳不僅是當我的妹妹而已，更身兼我的好友。日復一日，妳都以很多方式讓我身為妳的大哥而感到自豪。我無法想像我的生命中能夠沒有妳的存在。妳的美是內外兼具。我愛妳。

感謝我的摯愛——德魯・考德威爾（Drew Caldwell），謝謝你在過去三十年間所抱持的體貼善良，以及充滿著甜蜜、愛意與忠誠堅定的能量。感謝你一直認為我是個出色的人，可以成就任何我下定決心要達到的目標。當我受傷之刻，更謝謝你對我的通情達理和憐憫關懷。沒有了你，我就不會成為今日的我，我也無法想像能與其他人分享這段旅程。我愛你。

感謝在我的職涯當中，所有曾經因治療之故而來找我、與我分享內在小孩故事的人們。由於你們每一位，我的意識得以拓展學習、豐富滋潤，對此我由衷感激。

對於那些必須聽我喋喋不休地提起我正在寫的書、以及不斷給予我鼓勵和愛的朋友們，謝謝你們。

感謝在「男性勝利」（Victories for Men）的兄弟們，你們真誠無諱的言論與表達幫助我創造了一個安全的地方，讓我得以揭露並發現更多自我。在2008年，我開始探索如何更進一步了解自己，並尋求更多方法來療癒我的創傷。我開始參加男性勝利的週末靜思會，並在那裡遇到了其他內在小孩同樣受創、正在找尋療癒之道的男性們。我得以看見男人的勇敢和脆弱、開闊的心胸且悲天憫人的情懷。我還結識其他志同道合的男性同胞並建立深厚的友誼，更學會如何展現健康的男子氣概。我不但大大修復了自己對於何謂男人的扭曲世界觀，也努力撫平孩提時期的情感創傷，好讓自己可以完全擁抱真實的自我。謝謝我的兄弟們。Victoriesformen.org

感謝我的心靈導師——克莉絲汀・阿姆斯壯（Kristin Armstrong），她教會我建立一套有效的界線系統的價值，讓人得以擁有充實的人生，我也因她而學會在飽受創傷的過往當中，我們仍可以找到如何自愛。多年以來，妳的明智建議對我造成的幫助超乎妳的想像。感謝妳成為我的朋友。

我要感謝我的另一位心靈導師，那就是已故的唐恩・伯特牧師（Rev. Don Burt），他教我「家庭正是造就一個人的地方」，並讓我牢記我是一個正在體驗何謂當人的靈性存在。

我也要特別感謝在心理學、哲學和靈性領域當中的各個引路人和思想領袖，他們影響了我個人的療癒之路以及我在建立HEAL療程時的工作。我站在這些巨人的肩膀上。

謝謝已故的約翰・布雷蕭（John Bradshaw），他是《歸鄉：重拾並捍衛內在小孩》（*Homecoming: Reclaiming and Championing Your Inner Child*）一書的作者。我於二十年前參加了一場週末靜思會，是由約翰・布雷蕭與克勞迪婭・布萊克（Claudia Black）帶領我們經歷了他的療程，我因而學會了如何更深一層地接近我的內在小孩。我要歸功於約翰・布雷蕭，是他助我了解寫信給內在小孩所能帶來的深層療癒，另外它與成人自我的相互交融更是整個治療過程的關鍵所在。

感謝《面對共同依賴症：它是什麼，它從何而來，它如何破壞我們的生活》（*Facing Codependence: What It Is, Where It Comes From, How It Sabotages Our Lives*）一書的作者琵雅・梅洛迪（Pia Mellody），謝謝她在共同依賴症領域中的開創性工作。我曾參加一個由她所主辦、名為「後導入治療」（Post Induction Therapy）的一週密集訓練，在那裡所學會的概念就是藉由受創的時間軸來審視自己的過去，並且辨別出自己沿途對人造成的創傷。透過她的研究，我還同時學會我們在孩童時如何安度創傷，以及有效的界線系統有何功能，還有這些系統如何在我們的人際關係中創造安全感。我以她的研究成果為基礎向外拓展，創造了受創衝動反應工具以及時間線藍圖的這些概念，並發明了「情緒反應評量表」（Emotional Response Scale）。「有用的成年人」（functional adult）一詞最初即是由琵雅．梅洛迪和泰瑞．瑞爾（Terry Real）所首創的。

感謝《我們的身體有記憶：創傷和創傷治療的心理生理學》（*The Body Remembers: The Psychophysiology of Trauma and Trauma Treatment*）一書的作者芭蓓特．羅斯柴爾德（Babette Rothschild），其研究結果幫助我清楚了解大腦在經歷創傷時的功能、記憶的工作原理、創傷的共鳴是如何儲存在體內，以及治療師是如何創造一個安全的環境來幫助他人探索和治療創傷。

感謝我的好友羅斯．羅森堡（Ross Rosenberg），他是《人類磁鐵症候群：共同依賴症自戀狂陷阱》（*The Human Magnet Syndrome: The Codependent Narcissist Trap*）一書的作者。在他的書中，羅斯探討了自戀者和共同依賴症患者之間的相互吸引作用，並且解釋了出現於共同依賴行為中、在療癒之前不斷重現的深層傷害模式到底是從何而來。羅斯，謝謝你為這麼多人指引一條明路。

在我研究心理治療的早期，我深受心理學家卡爾・榮格（Carl Jung）的啟發，他經常以其所創的神聖小孩原型，而被認為是內在幼童概念的創始者。榮格寫道：「每個成年人的心中都潛藏著一名幼童——一位永恆的小孩，這個孩子永遠在成長當中、永遠發育未竟，而且需要不斷的關懷、關注和教育。這就是人類個性中想要持續發展且變得完整的那個部分。」[1]

感謝《人們玩的遊戲：人際關係心理學》（*Games People Play: The Psychology of Human Relationships*）一書的作者艾瑞克・伯恩博士（Dr. Eric Berne），他提出了人際溝通分析的這項概念。此外伯恩博士還提出了兒童自我狀態的想法，且最終此概念也被公認即為內在小孩。榮格的理論表示自我狀態——也就是內在小孩——當中，容納了我們心中被阻塞起來的情感能量。為了獲得療癒，我們需要和內在小孩重新建立起連結，以便讓該部分發聲來宣洩痛苦。他的研究成果，還有其他深具影響的人物，助我更充分地發展了負責任的成人自我這個理論，以及情感受創年紀的概念。

其他對我的研究產生影響的思想領袖還包括《你可以療癒你的生活》（*You Can Heal Your Life*）的作者路易絲・海伊（Louise Hay）、《天才兒童的戲劇人生：尋找真實的自我》（*The Drama of the Gifted Child: The Search for the True Self*）的作者愛麗絲・

米勒（Alice Miller）、《心靈的傷，身體會記住》（*The Body Keeps the Score: Brain, Mind, and Body in the Healing of Trauma*）的作者貝塞爾・范德寇博士（Dr. Bessel van der Kolk），以及《成為超自然：尋常人如何做不尋常的事》（*Becoming Supernatural: How Common People Are Doing the Uncommon*）的作者喬・迪斯本札博士（Dr. Joe Dispenza）。

我也要特別感謝我在紅字編輯社（Red Letter Editing）的編輯潔西卡・凡雅德（Jessica Vineyard）。潔西卡，你絕對是指引我每一步路的雪巴嚮導，協助讓我的夢想成真，對妳我由衷地心懷感謝。在妳的專家級的引導和啟發之下，我的想法和概念都獲得了體現。

感謝布林出版社（Bullen Publishing Services）的瑪莎・布林（Martha Bullen），謝謝妳以專業的指導來助我微調本書欲傳達的訊息，並做好所有將它出版至全世界的準備功夫。感謝星辰書籍服務（Constellation Book Services）的克里絲蒂・柯林斯（Christy Collins），謝謝妳讓我的書籍由裡到外都美輪美奐。你們每一位都是協助這本書誕生的女神。謝謝各位。

注釋

1 卡爾・榮格，《榮格作品集》（Collected Works of C.G. Jung），普林斯頓大學出版社，1954。

國家圖書館出版品預行編目資料

看不見的傷，最傷：透過HEAL療法，擁抱內在小孩，停止制約反應，建立健康人際界線/羅伯．傑克曼（Robert Jackman）著；柯博昌譯. -- 初版. -- 臺北市：商周出版：英屬蓋曼群島商家庭傳媒股份有限公司城邦分公司發行，民112.08

352面；14.8×21公分

譯自：Healing your lost inner child : how to stop impulsive reactions, set healthy boundaries and embrace an authentic life

ISBN 978-626-318-773-3（平裝）

1.CST：心理治療 2.CST：心理創傷

178.8 112010234

線上版讀者回函卡

BB7082

看不見的傷，最傷：透過HEAL療法，擁抱內在小孩，停止制約反應，建立健康人際界線

Healing Your Lost Inner Child: How to Stop Impulsive Reactions, Set Healthy Boundaries and Embrace an Authentic Life

作　　者／羅伯特．傑克曼（Robert Jackman）
譯　　者／柯博昌
企 畫 選 書／韋孟岑
責 任 編 輯／韋孟岑
版　　權／吳亭儀、江欣瑜、林易萱
行 銷 業 務／周佑潔、賴正祐、賴玉嵐

總 編 輯／何宜珍
總 經 理／彭之琬
事業群總經理／黃淑貞
發 行 人／何飛鵬
法 律 顧 問／元禾法律事務所　王子文律師
出　　版／商周出版
臺北市104中山區民生東路二段141號9樓
電話：(02) 2500-7008 傳真：(02) 2500-7759
E-mail：bwp.service@cite.com.tw
Blog：http://bwp25007008.pixnet.net/blog
發　　行／英屬蓋曼群島商家庭傳媒股份有限公司城邦分公司
臺北市104中山區民生東路二段141號2樓
書虫客服服務專線：(02)2500-7718．(02)2500-7719
24小時傳真服務：(02)2500-1990．(02)2500-1991
服務時間：週一至週五09:30-12:00．13:30-17:00
郵撥帳號：19863813　　戶名：書虫股份有限公司
讀者服務信箱E-mail：service@readingclub.com.tw
歡迎光臨城邦讀書花園　　網址：www.cite.com.tw
香港發行所／城邦（香港）出版集團有限公司
香港灣仔駱克道193號東超商業中心1樓
Email：hkcite@biznetvigator.com
電話：(852)2508-6231　　傳真：(852)2578-9337
馬新發行所／城邦（馬新）出版集團【Cité (M) Sdn. Bhd】
41, Jalan Radin Anum, Bandar Baru Sri Petaling,
57000 Kuala Lumpur, Malaysia
電話：(603)90563833　　傳真：(603)90576622
Email：service@cite. my

封 面 設 計／萬聖安
內 文 排 版／唯翔工作室
印　　刷／卡樂彩色製版印刷有限公司
經　銷　商／聯合發行股份有限公司　客服專線：0800-055-365
電話：(02)2917-8022　傳真：(02)2911-0053

■ 2023年（民112）08月12日初版
定價／450元

ISBN：978-626-318-773-3（平裝）
ISBN：978-626-318-772-6（EPUB）

Printed in Taiwan
城邦讀書花園
www.cite.com.tw

Beautiful Life

Beautiful Life

Beautiful Life